MUT *und* ZUFRIEDENHEIT

MUT
und
ZUFRIEDENHEIT

Eine Sammlung von Vorträgen über das spirituelle Leben

von

GURUMAYI
CHIDVILASANANDA

EINE SIDDHA YOGA® VERÖFFENTLICHUNG
HERAUSGEGEBEN VOM SIDDHA YOGA VERLAG GMBH
www.siddhayoga.de

GURUMAYI CHIDVILASANANDA

Verehrung sei Dir von vorne und von hinten,
Verehrung sei Dir von allen Seiten, Oh Herr von allem.
Du bist unendlicher Mut und grenzenlose Kraft.
Du durchdringst alles, daher bist Du alles.

BHAGAVAD GĪTĀ[1]

Es gibt kein höheres Mantra als die Meditation,
keinen höheren Gott als das Selbst,
keine höhere Verehrung als die innere Suche,
und keine bedeutendere Tugend als die Zufriedenheit.

KULĀRNAVA TANTRA[2]

Veröffentlicht vom Siddha Yoga Verlag GmbH
Grevener Strasse 146, 48291 Telgte

Umschlagfoto: *Andrei Jewell*
Photo auf der letzten Innenseite: *Joseph De Sciose*

Umschlagfoto: *Alleinstehend erhebt sich der Berg Kailash majestätisch über die kargen Hochebenen Westtibets. In den alten Schriften Indiens wird er als der Wohnsitz Shivas bezeichnet und seit Jahrhunderten ist er das heilige Ziel zahlloser Pilger. Glänzend von göttlicher Kraft spiegelt der See Manasarovar den heiligen Berg in seinem Wasser.*

Abdruckgenehmigungen auf Seite 211

Übersetzung ins Deutsche: Ulrike O'Callaghan
Satz: Thomas Spurzem
Druck: Clausen & Bosse, Leck

Gedruckt in Deutschland

ISBN: 3-930711-33-8

INHALT

EINFÜHRUNG

MUT UND ZUFRIEDENHEIT – es vermittelt bereits ein gutes Gefühl, allein über diese Eigenschaften nachzudenken. Ohne Zweifel garantiert es ein nützliches und Glück erfülltes Dasein, wenn man den Herausforderungen des Lebens mit Mut begegnet und dabei zufrieden ist, egal was passiert. Jedoch stellt sich die Frage, ob ein gewöhnlicher Mensch erwarten kann, diesen inneren gefestigten Zustand zu erreichen um so leben zu können. Laut Gurumayi ist die Antwort ein klares „Ja". Gurumayi, Nachfolgerin einer langen Tradition von spirituellen Meistern, ist ein Siddha, sie ist fest verankert in dem Bewusstsein, dass allein Gott existiert, und sie ist dazu befähigt anderen die gleiche Erfahrung zugänglich zu machen. Das Wesentliche ihrer Lehre ist, dass wir Gott in uns selbst finden können. Wie sie in diesem bemerkenswerten Buch erklärt, sind Mut und Zufriedenheit nur Ausdruck der göttlichen Vollkommenheit, die bereits in uns allen existiert.

Die Frage, wie wir diese Göttlichkeit verkörpern und gleichzeitig ein normales Leben mit all unseren Alltagsproblemen führen können, ist schon seit ewiger Zeit eine der größten Herausforderungen auf dem spirituellen Weg. Gurumayi weiß natürlich von unseren Kämpfen mit unbezahlten Rechnungen, klingelnden Telefonen, anspruchsvollen Vorgesetzten, enttäuschenden Beziehungen, mit unserem Ergeiz und unseren Ängsten, die immer mal wieder jeden Gedanken an Göttlichkeit aus unserem Kopf zu verbannen drohen. Sie sieht uns so, wie wir sind: manchmal vielleicht beunruhigt oder verunsichert, aber doch stets fähig, nach dem Höchsten zu streben.

Ein Siddha wie Gurumayi besitzt die Gabe, uns zur Erkenntnis unseres wahren inneren Wesens zu erwecken, und sie steht uns zur Seite und führt uns, wenn sich dieses Wachstum in uns und in unserem Leben entfaltet. Das Buch, das du jetzt in der Hand hältst, ist eine Gelegenheit mit einem Siddha eine Verbindung aufzubauen.

MUT UND ZUFRIEDENHEIT ist eine Sammlung von Vorträgen, die Gurumayi im Laufe der Jahre 1996 und 1997 gehalten hat. Der Text spiegelt ihren ungezwungenen, entwaffnenden, einladenden und entspannten Sprachstil wider. Sie bleibt dabei jedoch immer auf die Einsichten ausgerichtet, die sie uns vermitteln will. Leser, die bereits das Glück hatten, Gurumayi zu begegnen, werden die unverwechselbare Art zu schätzen wissen, die ihre Worte belebt und ihnen die Kraft und Vertrautheit einer persönlichen Begegnung verleiht. Und diejenigen, die Gurumayi bisher noch nicht kennen, werden ihr jetzt begegnen können, denn sie ist vollständig anwesend in den Worten dieses Buches.

Ich habe Gurumayi im Jahr 1979 kennen gelernt. Sie diente damals Swami Muktananda, dem temperamentvollen Siddha, der mit seiner Lehre den Weg für Siddha Yoga ebnete, als Übersetzerin. Es war Baba, wie wir ihn nennen, der mein Herz geöffnet hat. Er vermittelte mir die überraschende Einsicht, dass ich als Yogi sowohl dem spirituellen Weg, als auch meinem sehr weltlichen Leben mit einer Ehefrau, zwei Kindern und einer hektischen Karriere als Schriftsteller und Wirtschaftsberater folgen kann. Meine ersten Erinnerungen an Gurumayi zeigen sie immer an der Seite von Baba: bescheiden, aufmerksam und vollkommen konzentriert folgte sie seinem Vortrag und übertrug die Bedeutung seiner Worte vorsichtig und wohl überlegt ins Englische. Andere Eigenschaften ihres Wesens kamen in Augenblicken zu Tage, in denen Baba sie mit einer heftigen und unerwarteten Äußerung überraschte, deren Wirkung sie in ein Lachen ausbrechen ließ, das die Tiefe der Freude, die sie bei ihm fand, sichtbar machte.

In den letzten zwei Jahrzehnten trat Gurumayi als Lehrerin von außergewöhnlicher Weisheit und Autorität hervor. Sie ist ein Mensch mit einer Ausstrahlung, die allein schon durch ihre Anwesenheit einen Verwandlungsprozess in anderen auszulösen vermag. Gurumayi spricht mit einer Freiheit und einer Spontanität, die Lachen und reine Freude hervorrufen. Ihre unwiderstehliche Direktheit lässt Abwehrhaltungen zusammenbrechen. Ihre Lehre hat die Kraft, Menschen zu helfen, sich zu verändern. Ebenso wie Baba ist auch Gurumayi in ihren Aussagen und Handlungen einfach, absolut klar und wahrhaftig. Sie beschönigt nichts und täuscht nichts vor. Sie spricht mit Überzeugung aus einer Fülle persönlicher Erfahrung und verhält sich mit einer Konsequenz, welche die Stärke und Tiefe, mit der sie sich ihrer Aufgabe widmet, widerspiegelt. Wenn man ihr begegnet, kann sie entweder herausfordernd oder sehr spaßig, entspannt und verspielt sein, ohne jemals ihr Ziel zu verlieren.

Ebenso wie Baba kann auch Gurumayi ihre Worte zum Träger einer enorm intensiven spirituellen Energie werden lassen und vermittelt so nicht nur die Bedeutung der Worte, sondern zugleich ihren Zustand innerer Vollkommenheit. Aus diesem Grund sind Tausende von Menschen auf der ganzen Welt dankbar für die Gelegenheit, Gurumayis Lehre und ihr Geschenk der inneren Erweckung zu empfangen. Sie kommen mit dem Wesen eines Siddhas in Berührung und entdecken den Reichtum ihres eigenen inneren Wesens.

SCHON ALS KLEINER JUNGE hatte ich den Wunsch, ein alter, weiser Mann zu werden. Ich wurde, ob zum Guten oder Schlechten, mit der Einstellung aufgezogen, dass sich Stärke und Mut in der Fähigkeit zeigen, sich wie ein Felsbrocken im reißenden Fluss gegen Widerstand zu wehren. Diese Mir-kann-niemand-etwas-anhaben-Einstellung hat sich in vieler Hinsicht bewährt, angefangen von herausfordernden Situationen bei Geschäftsverhandlungen bis zu einem bewaffneten Raubüberfall in New York City. Als ich in den Vierzigern war, gelangte ich jedoch zu der Überzeugung, dass sich wahre Stärke und Mut eher darin zeigen, wie man sich gemäß der eigenen Bewusstseinserweiterung ändern und innerlich wachsen kann. Wie Gurumayi es bezaubernd ausdrückt: „leuchtet aus wahrer Standhaftigkeit Biegsamkeit hervor.“ Zu Beginn hatte ich große Schwierigkeiten, die Führung eines Gurus oder spirituellen Meisters anzunehmen. Ähnliche Schwierigkeiten erlebte ich, als ich die Ehe mit meiner Frau einging und als ich mein erstes Buch schrieb. In all diesen Lebenssituationen war es immer die Beweglichkeit, die Bereitschaft schwierigen Tatsachen ins Auge zu blicken und daran zu wachsen, die mich glücklicher werden ließ. Dasselbe Prinzip lässt sich auch in Geschäftssituationen anwenden. Ich habe oft beobachtet, wie die Fähigkeit sich Situationen anzupassen, lang anhaltenden Erfolg im Wettbewerb brachte. Während meines Verwandlungsprozesses, den ich über die Jahre mehr und mehr schätzen lernte, wurde ich immer durch Gurumayis Vorbild ermutigt, das uns zeigt, was ein Mensch erreichen kann. Gleichzeitig kam durch das Meditieren Mut und Zufriedenheit in meinen Alltag, so dass ich jetzt mit großer Zuversicht meinem Lebensabend entgegenblicke. Gurumayi hat mir deutlich gemacht, dass wir tatsächlich zur höchsten Weisheit gelangen können.

Obwohl Gurumayi als spirituelle Meisterin verehrt wird, lebt sie uns das disziplinierte Leben einer Yoga-Schülerin vor. Zu Babas Lebzeiten war es offenkundig, dass Gurumayi ihr Leben ganz und gar dem Dienst für ihren Guru gewidmet hat. Heute, viele Jahre nach seinem Tod, macht Gurumayi selten längere Ausführungen ohne Babas Namen als Reverenz für die Gnade anzurufen, die er ihr hat zu Teil werden lassen. Sie lässt uns auf diese Weise klar und deutlich wissen, dass alles, was sie ist und was sie erreicht hat, das Geschenk ihres Baba Muktananda ist. Dieses zarte Gefühl durchdringt *Mut und Zufriedenheit.* Der Leser spürt nicht nur Gurumayis Liebe zu Baba, sondern auch ihren Respekt für die vielen anderen Heiligen und spirituellen Lehrer, die im

Laufe der vergangenen Jahrhunderte die höchste Wahrheit des menschlichen Lebens enthüllten, vom indischen König Bhartrihari, über den Heiligen Jnaneshwar Maharaj bis hin zur Heiligen Teresa von Avila.

EIN WESENTLICHES ELEMENT der Lehrmethode Gurumayis ist der Brauch, am Anfang eines jeden Jahres eine kurze Botschaft oder ein bestimmtes Leitthema zu verkünden. Diese Jahresbotschaft wird dann das ganze Jahr über zum Gegenstand des Lernens, der Kontemplation und des Austauschs, um den Lernenden eine tiefe Einsicht in einen speziellen Aspekt yogischen Denkens zu vermitteln. Im Jahre 1997 war das Thema: *Erwache zum Mut in dir und sei von göttlicher Zufriedenheit durchdrungen.* Dieses Thema, das die Natur des Mutes und die Quelle der Zufriedenheit und die Kraft dieser beiden Eigenschaften, unsere Erfahrung des Lebens zu verwandeln, betrifft, zieht sich durch jedes Kapitel dieses Buches. Jeder Vortrag behandelt einen anderen Aspekt dieses Themas, einmal in Bezug auf Mut, ein anderes Mal in Bezug auf Zufriedenheit und ist stets darauf bedacht, das Thema aus einer neuen Sichtweise zu beleuchten. Dabei wird dem Leser eher das Wesen Gurumayis als eine theoretische Abhandlung vermittelt. Dieser ungezwungene Stil macht *Mut und Zufriedenheit* zu einer besonders leichten und erbaulichen Lektüre. Jedes Kapitel ist in sich abgeschlossen, die Wirkung auf den Leser wird allerdings mit jedem Kapitel intensiver. Bei meiner Lektüre habe ich mir immer nur ein Kapitel vorgenommen und danach das Buch beiseite gelegt, um Gurumayis Gedanken auf mich wirken zu lassen. Nach ein paar Tagen habe ich dann das nächste Kapitel gelesen. Zwischen den einzelnen Kapiteln ist jeweils ein kurzer Auszug aus anderen Reden, die zum vorhergehenden Thema passen, eingeschoben.

Einer der Vorteile dieses Buches ist, dass sich die Grundgedanken wie ein Leitfaden durch jedes Kapitel ziehen. Wenn Gurumayi die Begriffe Mut und Zufriedenheit näher untersucht, untersucht sie gleichsam unsere Beziehung zu Gott und wie diese Beziehung unser Leben beeinflusst. Sie geht von der Grundannahme aus, dass wir uns von Gott nicht unterscheiden, dass unsere wahre Essenz göttlich ist. All unser Leiden wird durch Angst verursacht und wir haben nur Angst, weil wir das Bewusstsein unserer Einheit mit Gott verloren haben. Dieses altbekannte Gefühl der Trennung vom Höchsten und das Gefühl, weit entfernt vom Quell der Liebe, der Weisheit und des Friedes zu sein, schafft unser Unbehagen und zieht uns in den Sumpf von Angst und Unzufriedenheit. Mit dem Weg der Siddha Yoga Meditation bietet uns Gurumayi eine besondere Alternative, durch die wir mit Hilfe von Gnade und regelmäßiger Übung unsere innere Göttlichkeit erfahren können. Diese direkte, persönliche Erfahrung lässt die Angst vergehen, so dass wir unseren inneren Mut und unsere Zufriedenheit spüren können. Tugenden wie Mut und Zufriedenheit finden dann ihren Weg in unseren Alltag hinein und wenden nicht nur unser weltliches Dasein zum Besseren, sondern erquicken ebenso unser Seelenleben. Mut und Zufriedenheit bezeugen unsere Einheit mit Gott und es sind Tugenden, die uns, wie Gurumayi es ausdrückt, eine tiefere Beziehung zu unserem eigenen inneren Glück ermöglichen.

Gurumayis praktische Art und Vernunft machen selbst das in ihrer Lehre leicht annehmbar, was uns etwas erstaunlich erscheinen mag. Ich liebe ihre Fähigkeit, sich konkret mit den höchsten Werten menschlicher Existenz auseinander zu setzen ohne jemals zu schwafeln oder frommen Unsinn zu reden. Sie warnt vor der Versuchung, sich ein süßliches Lächeln und ein schwaches, untertäniges Verhalten anzueignen. Sie sagt: „Die Erfahrung der göttlichen Liebe macht dich sehr, sehr stark. Sie schwächt dich nicht." Gurumayi fordert uns auf, unseren Schwierigkeiten im Leben ins Auge zu blicken und sie zu bewältigen, um harte Zeiten zu größerer Einsicht zu nutzen. Obwohl sie ausdrücklich betont, wie notwendig Disziplin auf dem spirituellen Weg ist, weist sie darauf hin, dass Disziplin nicht mit brutaler Gewalt und nicht durch Willenskraft allein, sondern durch Gnade zu erreichen ist. Gnade ist ihr Geschenk an uns. Unsere Hauptaufgabe ist es zu meditieren, um das innere Wissen, das sich uns spontan offenbart, tiefer zu erfahren.

„Zufriedenheit", sagt Gurumayi, „stellt sich ein, sobald du dir das zu eigen machst, was du bereits besitzt." Dieses Buch ist ein erweitertes Spiegelbild dessen, was wir bereits besitzen. Ich wünsche uns allen große Freude daran.

Stratford Sherman
MAI 1999

STRATFORD SHERMAN war mehr als zwanzig Jahre führender Journalist bei einem großen amerikanischen Wirtschaftsjournal. Als anerkannte Autorität auf dem Gebiet „Unternehmensführung und organisatorische Veränderungen" teilt er sich derzeit seine Zeit auf zwischen Schreiben und Beratung. Er ist der Co-Autor des in viele Sprachen übersetzten Bestsellers *Control your destiny or someone else will*, einer Fallstudie über gewagte und disziplinierte Strukturveränderung von Firmen. Stratford Sherman lebt mit seiner Frau und zwei Kindern in Connecticut und praktiziert Siddha Yoga seit 1979.

KAPITEL 1

ERWACHE ZUM MUT

in dir und sei von göttlicher

ZUFRIEDENHEIT

durchdrungen

MIT GROSSER ACHTUNG UND GROSSER LIEBE heiße ich euch alle von ganzem Herzen willkommen. Dies ist ein verheißungsvoller Augenblick. Wir befinden uns an der Schwelle zu etwas Neuem und Erstaunlichem. Solche Augenblicke stecken voller funkelnder Möglichkeiten. Lasst uns daher die kommende Zeit mit Weisheit, Begeisterung, großer Zuneigung und wahrer Liebe willkommen heißen. Die Botschaft, die wir uns näher anschauen werden, ist: *Erwache zum Mut in dir und sei von göttlicher Zufriedenheit durchdrungen.*

Mut und Zufriedenheit – diese beiden großartigen Eigenschaften sind untrennbar miteinander verbunden. Die eine ist aus der anderen geboren. Mögest du zum Mut in dir erwachen und von göttlicher Zufriedenheit durchdrungen sein. Mögest du zur Gegenwart Gottes in dir erwachen und die Glückseligkeit kosten, die jenseits aller Begierden liegt. Mögest du den Mut haben, dein Leben voll und ganz anzunehmen.

Du bist hier auf die Erde gekommen, weil du ganz genau gewusst hast, dass du nur hier und nirgendwo anders etwas Bestimmtes erreichen kannst. Du warst dir dessen absolut sicher. Du hast dich für eine Geburt auf dem Planeten Erde entschieden, weil du erkannt hast, dass du etwas zu bieten hast und etwas vollbringen kannst. Und dies ist nur hier, nirgendwo anders möglich. Du hast deine Anwesenheit hier auf diesem Planeten selbst gewählt. Ob du damit einverstanden bist oder nicht, ob du damit zurecht kommst oder nicht, ob die Dinge gut oder schlecht stehen, es war deine Wahl. Wenn du dieses Leben als eine Wahl, *deine* Wahl, betrachten kannst, ist es schließlich leichter zu erkennen, wie viele erstaunliche Wunder es tatsächlich darin gibt.

Für diese begeisternde Sichtweise, musst du dir bewusst werden, dass du den Mut besitzt, den wahren Sinn deiner Geburt zu erfüllen. Rufe die Kraft des Mutes in dir hervor und lebe das Leben deiner Träume. Gehst du leichten oder schweren Schrittes auf der Erde? Bereiten dir die Dinge, die dir in deinem Leben widerfahren, im großen und ganzen Lächeln oder Stirnrunzeln? Wie steht es um deinen Besitz? Macht er dich glücklich oder unglücklich? Bringen dich die Menschen in deinem Leben weiter oder hindern sie dich in deiner Entwicklung? Wie viel hängt dabei von dir ab? Mehr als du denkst! Das Gefühl, ob du gewinnst oder verlierst hängt letzten Endes davon ab, mit welcher inneren Einstellung du den Dingen entgegentrittst und wie du sie entgegennimmst.

MUT IST NICHT NUR EINE REAKTION auf eine Krise, es ist nicht nur ein spontaner Akt der Tapferkeit bei einer Feuersbrunst oder in einem Krieg. Zufriedenheit ist auch nicht das flüchtige Gefühl der Genugtuung, das sich einstellt, wenn du alles bekommen hast, was du wolltest. Was auch immer in deinem Leben geschieht, ist dazu da, dich weiter zu bringen, dich zu erheben. Duftende, delikate Früchte sind in Ereignissen jeder Art versteckt. Habe den Mut, das Beste für dich in einer jeden Situation zu finden. Erwache zum Mut in dir und sei von göttlicher Zufriedenheit durchdrungen.

Was auch immer die Abenteuer oder Herausforderungen deines Lebens sein mögen, du bist es, der die Macht der Entscheidung darüber hat, wie du die Dinge betrachtest und wohin du deinen Kopf wendest. Selbst die besten Neuigkeiten der Welt können dich herunterziehen, wenn du darauf bestehst. Es ist dein eigenes Wesen in seiner Ganzheit, das deinem Dasein hier auf der Erde zustimmt oder nicht. Du hältst die Zügel in der Hand. Du hast die Wahl.

Mut ist ein sehr einfaches Wort und doch ist es so vielschichtig. Es beinhaltet viele Eigenschaften. Stärke, Großzügigkeit, Freundlichkeit, Hoffnung, Liebe, Bereitschaft zu lernen, Annehmen des Lebens und Dankbarkeit — dies sind alles Aspekte des Mutes.

Wahrer Mut muss aus der Tiefe deines Wesens kommen. Er gehört dir. Mut ist die Schutzhülle, die dein Herz umschließt. Mut wehrt Negatives ab und lässt dich an Widerständen wachsen. Die unerschrockene Kraft des Mutes kann den ablenkenden Sog der Sinnesorgane unterbrechen und wahre Wunder bewirken. Mut zieht in Wirklichkeit die Wunder an. Es ist tatsächlich so, ein mutig gelebtes Leben ist voller Wunder.

IST ES IMMER EINFACH, MUT ZU EMPFINDEN? Ist er einfach zu erkennen? Nicht unbedingt. Manchmal ist Mut unsichtbar. Trotzdem ist Mut ein Bestandteil von dir. Er ist ein natürlicher Teil deines Selbst. Du bist es – du bist der Mut. Mut ist dein Wesen. Um jedoch zum Mut in dir zu erwachen, bedarf es sehr viel Mutes. Es ist nicht mit dem Aufwachen nach einem kurzen Nickerchen oder nach einer guten Nachtruhe zu vergleichen. Zum Mut in dir zu erwachen bedeutet, zum Licht der Wahrheit, zum Licht des höchsten Bewusstseins in dir zu erwachen. Solch ein Erwachen erfordert deine feste Entschlossenheit und einen Hauch von Gnade.

Das Licht der Wahrheit ist ewig. Wie kannst du es in all seiner großen Herrlichkeit erkennen? Das beste und wirksamste Mittel ist es, einem Teilchen, einem Strang, einem Strahl dieses ewigen Lichts zu folgen. Du kannst ihm folgen, indem du es in Sprache umsetzt. Auf diese Weise wirst du entdecken, dass die Erfahrung des göttlichen Bewusstseins in deiner Reichweite liegt.

Wir werden jetzt dem Lichtstrahl, der von diesem wunderschönen und kraftvollen Wort *Mut* ausgeht, folgen. *Mut* – was für ein liebliches Wort. *Mut* – was für ein starkes Wort. *Mut* – lasst uns seinem Licht den ganzen Weg zurück zu seinem Ursprung folgen, bis hin zur glorreichen Herrlichkeit im Herzen.

Der Sufi-Meister Hafiz sagt:

Komm, schließe dich den Mutigen an,
die keine andere Wahl haben,
als mit der ganzen Welt zu wetten,
dass in der Tat,
in der Tat, Gott Wirklichkeit ist.[1]

Erwache zum Mut in dir und sei von göttlicher Zufriedenheit durchdrungen. Selbst wenn du bloß die Worte „habe Mut“ still für dich selbst wiederholst, wirst du in das Meer deines inneren Selbst eintauchen und als neues Wesen, das vom Licht Gottes erstrahlt, wieder auftauchen. Um den kühnen Geist des Mutes in dir auszudrücken, bedarf es einer völlig neuen Sprache, und es ist gut, diese Eigenschaft in einem neuen Licht zu betrachten. Lass durch diese neue Sprache und durch diese neue Sichtweise jeden Augenblick deines Lebens mit der Erfahrung von Mut und Zufriedenheit pulsieren.

ES WAR EINMAL EINE BERÜHMTE PERSÖNLICHKEIT namens Scheik Nasruddin. Er wusste, dass Mut und Tapferkeit sehr wichtig sind, deshalb nahm er immer an der jährlichen Konferenz der waghalsigen Jäger teil. Er liebte es, ihren Versammlungen beizuwohnen und den Teilnehmern zuzuhören, wenn sie von ihren Heldentaten berichteten.

Während eines ihrer Jahrestreffen stand eines Tages ein Jäger auf und sagte: „Ich habe einen Elefanten am Schwanz gepackt und ihn in der Luft herumgeschleudert!"

Ein anderer rief aus: „Ich habe einen wilden Tiger mit meinen bloßen Händen getötet."

Ein Dritter berichtete der Gruppe: „Durch die bloße Macht meines Blickes allein ist es mir gelungen, eine Horde tollwütiger Hyänen zu bändigen."

Schließlich war Nasruddin an der Reihe von seinen größten Heldentaten zu berichten: „Einmal habe ich einem wilden Ochsen die Hörner herausgezogen – einfach so. Ein anderes Mal habe ich eine riesige Schlange geschnappt und sie in zwei Teile zerrissen – einfach so. Wiederum ein anderes Mal habe ich ein Krokodil bewusstlos geschlagen."

„Ahh! Ahh!", riefen alle, „was ist dann geschehen, Nasruddin?"

„Was dann? Ich musste um mein Leben rennen!“

„Wirklich? Warum das?“

„Der Besitzer des Spielzeugwarengeschäfts kam mit seinem Stock hinter mir her gerannt!“

Der Mut, der uns gegeben wurde und den wir entdecken wollen, ist nicht mit Nasruddins Prahlerei zu vergleichen. Das ist die Art von Mut, die Menschen an den Tag legen, wenn sie sich wichtig machen wollen. Sie wollen, dass du denkst sie seien mutig. Es ist jedoch wahrer Mut in dir verborgen, zu dem musst du erwachen.

AUF WELCHE ANDERE WEISE kann sich Schwäche als Mut verkleiden? Mut zu haben heißt nicht, Regeln zu missachten um anderen zu beweisen, dass du genau das tun kannst, was du willst. Mut heißt ebenfalls nicht, Leiden in dein Leben zu rufen, so dass jeder deine unerschütterliche Hingabe an Gott sehen kann. Mut zu haben heißt nicht, alles, was um dich herum geschieht, passiv hinzunehmen. Mut zu haben heißt nicht, mit den Schultern zu zucken und zu seufzen: „Was kann ich dagegen tun? Das ist mein Karma.“

Ganz im Gegenteil. Mut haben bedeutet, jede einzelne Situation als einen Segen Gottes, als eine wohlgemeinte Geste der Natur anzunehmen. Mut heißt, den Anforderungen eines jeden Augenblicks mit großer Freude und in dem Bewusstsein nachzukommen, dass du ihnen gewachsen bist. Mut zu haben bedeutet die feste Überzeugung, dass in dir eine Kraft wohnt, deren Wesen niemals von äußeren Umständen beeinträchtigt werden kann. Lebe dein Leben mutig im Sinne des Dharma mit dem Wissen, dass das, was auch immer in deinem Leben auf dich zukommt, nicht stärker als du ist. Du bist jeder Situation ebenbürtig. Dein Problem ist nicht größer als du und es ist auch nicht kleiner. Mit dieser Einstellung wird ein Leben gemäß dem Dharma gelebt. Das ist wahrer Mut. Du siehst in deinem Problem einen gleichwertigen Partner. Auf diese Weise kannst du den Anforderungen eines jeden Augenblicks nachkommen. Mit großer Freude kannst du alles, was dir widerfährt, akzeptieren und entsprechend handeln.

WO DU AUCH HINSCHAUST, du findest in der Geschichte der Welt wunderbare, bewegende Geschichten über Mut. Du wirst auf verblüffende Erzählungen und unglaubliche Anekdoten stoßen. Sie wecken in dir den Wunsch, mutig zu leben. Sie ermutigen dich. Was noch hinzu kommt ist, dass dieselben Ereignisse, die in diesen Erzählungen niedergeschrieben sind, gerade in diesem Augenblick in verschiedenster Form stattfinden. Eben in diesem Moment gibt es Menschen, die ihren großen inneren Vorrat an Mut zeigen. Sie retten die Welt auf kleine und auf große Weise. Ihre wohlwollenden Gedanken sind vom Licht des Mutes erfüllt und das festigt ihre Entschlossenheit. Sie sind zu Leuchtfeuern des Mutes geworden. Jetzt gerade in diesem Moment ereignet sich all dies.

Erkenne den Mut in dir. Du besitzt ihn. Du bist vielleicht schon ein lebender Beweis für seine Existenz. Und so sollte es auch sein. Das ewige Licht der Wahrheit muss in jedem Fall auf unser tägliches Leben übertragen werden.

ICH LIEBE ES, DIE BÜCHER meines Gurus Swami Muktananda zu lesen. Ich liebe es, seine bedeutenden Schriften, seine wunderbare und göttlich inspirierte Lehre zu studieren. Ich wende mich immer und immer wieder ihnen zu. Sie sind mein *Prāna,* meine Lebenskraft. Seine Weisheit ist mein Mut. Seine Weisheit ist mein Leben. Unaufhörlich labe ich mich an den Werken, die er verfasst hat und genieße das, was er uns in seinen Büchern gegeben hat. Die Botschaften bedeutender Meister sind zeitlos. Ihre Botschaften sind vom ewigen Licht der Wahrheit, der höchsten Wirklichkeit, inspiriert und halten deshalb immer eine neue Lehre für dich bereit. Ihre Weisheit steht im Einklang mit deiner eigenen inneren Weisheit und mit allem, was das Leben dich gelehrt hat.

Allerdings kommen Botschaften nicht immer nur von großen Meistern. Eine Botschaft, die auf ein offenes Herz trifft, kann von überall herkommen. Sogar einfache Unterhaltungen und Begebenheiten des Alltags können Botschaften in sich bergen. Ganz gleich, wie beiläufig die Worte erscheinen, sie können dennoch eine Botschaft der Wahrheit, der absoluten Weisheit, in sich tragen. Wenn du denkst, du steckst in einer ausweglosen Situation, dann ist eine solche Botschaft ein unschätzbares Geschenk, das dich wieder auf den rechten Weg bringt.

In jedem Moment deines Lebens kannst du eine erhabene Botschaft finden. Ein verspielter Hund, der dir über den Weg läuft, kann dir eine Botschaft der Freude und der Furchtlosigkeit vermitteln und dir helfen, ein schwieriges Problem zu lösen. Ein Unkraut, das am Wegrand wächst, kann eine Botschaft für dich bereithalten. Das tiefe Leid im

Herzen eines Freundes kann eine Botschaft für dich sein. Du magst einen Stein im Schuh haben, der dich beim Gehen behindert, und doch kann seine Gegenwart eine Botschaft in sich tragen, die dich zum Mut in dir erwachen lässt. Der Anblick des Mondlichts, das durch ein Fenster hereinströmt, mag eine Botschaft bringen, die dich an die grenzenlose Herrlichkeit Gottes erinnert. Jeder hat Zugang zu diesem Ort des Segens, du musst dich ihm nur zuwenden und aufmerksam lauschen. Nimm die Botschaften, die dir das Leben schenkt, bewusst wahr.

NACH WELCHER ART VON BOTSCHAFT und Segen hältst du wirklich Ausschau? Angenommen, du gehst auf einer winterlichen Straße und dir ist furchtbar kalt. Du weißt, dass du nicht weit von deinem Ziel entfernt bist. Es ist jedoch bitterkalt und du verlierst das Vertrauen. Der Wind ist schneidend. Deine Schritte werden zaghaft. Die Luft ist so eisig, dass das Atmen wehtut. Du beginnst zu zweifeln, ob du es je bis an dein Ziel schaffen wirst. Gerade in diesem Moment sieht dich jemand stolpern und lädt dich zu sich ins Haus ein. Er gibt dir eine Tasse Tee und eine warme Decke. Dieser gute Nachbar reibt dir die Hände und Füße, um die Durchblutung anzuregen. Er richtet dich wieder auf, so dass du deinen Weg fortsetzen kannst. Eine wunderbare Hilfe. Wer wäre für diese Freundlichkeit nicht dankbar?

Diese dringend benötigte Hilfe hat jedoch eine Kehrseite. Falls du jemals wieder in eine solche Situation geraten solltest, dann würdest du wieder nach jemandem Ausschau halten, der dich rettet. Du wirst jedoch vielleicht nicht wieder solch eine freundliche Behandlung finden. Du kannst nicht immer darauf zählen, dass jemand zur Stelle ist um dich zu retten. Diese Art von Hilfe könnte eine einmalige Unterstützung gewesen sein.

Angenommen, dir steht anstatt einer Tasse Tee eine andere Art von Hilfe zur Seite, jemand, der den Weg kennt und weiß, wie du dich wirklich fühlst. Angenommen, dieser Freund sagt: „Habe Mut, du kannst es schaffen. Habe Mut, du bist beinahe am Ziel angelangt. Schau! Dein Ziel liegt direkt vor dir!" Die Wärme seiner Stimme, die Sicherheit, die von seinem Herzen ausgeht, vermitteln dir die volle Kraft seines Segens. Die absolute Überzeugung in seiner Stimme wirkt wie ein Energieschub. Die Kraft seiner Worte „habe Mut" begleitet dich und hilft dir dein Ziel zu erreichen. „Du kannst es schaffen. Habe Mut, du bist beinahe am Ziel angelangt."

Was für eine herrliche Erfahrung ist es, wenn du dann tatsächlich ankommst! Du hast nicht nur dein Ziel erreicht, sondern du hast auch den Mut in dir entdeckt und dieser Mut hat dich an dein Ziel gebracht. Dieser wahre, wohlmeinende Freund gibt dir ein bleibendes Geschenk, indem er dich zum Mut in dir erwachen lässt und dir den Glauben an deine eigenen Fähigkeiten schenkt. Sollte dir in Zukunft Ähnliches widerfahren, wirst du dich an seine Worte erinnern: „Habe Mut, du kannst es schaffen! Habe Mut, du bist beinahe am Ziel angelangt. Schau, dein Ziel liegt direkt vor dir!" Diese Botschaft ist ein bleibendes Geschenk. Auf diese Weise wirst du den Segen und die Gnade Gottes sehr intensiv spüren. Wenn du zum Mut in dir erwachst, kannst du dich auf dich selbst verlassen. Wenn du dich auf diesen Mut berufst, erkennst du, um was es sich tatsächlich handelt: Du siehst, dass dieser Mut ein erlesener Strahl des ewigen Lichts der Wahrheit ist. Wenn du dich auf dieses göttliche Licht berufst, wird dich die Kraft Gottes in deinem Innern durch alle Herausforderungen tragen. Mut zu haben bedeutet, Gottes Kraft in deinem Innern wachzurufen.

In diesem Sinne forderte Baba die Menschen immer wieder dazu auf, sich der ihnen innewohnenden Stärke bewusst zu werden. Er sagte: „Habe Mut, sei rein, sei tapfer, sei begeistert und spüre, dass du alles in deinem Leben erreichen kannst.“[2]

Das ist die einfache Wahrheit. Sie bringt dir Freude und Furchtlosigkeit. Du kannst alles erreichen! Wach auf zum Mut in dir und sei von göttlicher Zufriedenheit durchdrungen.

WAS FÜR EIN GROSSARTIGES GEFÜHL ist es, den Mut in dir zu spüren und zu erkennen, dass du den Glanz des Lebens mit deinem Herzen wahrnehmen kannst, wo immer du dich auch gerade befindest. Wenn du zum Mut in dir erwachst und die Tugenden, die dir innewohnen wachrufst und sie in die Tat umsetzt, stärkst du dein Herz umso mehr. Du entdeckst die Göttlichkeit, die in deinem Herzen wohnt. Es erfordert Mut, Babas Lehren zu beherzigen: „Gott wohnt in dir als du. Seht Gott in einander.“ Um diese Lehre von Grund auf zu verstehen, musst du erwachen. Du musst zum Mut in dir erwachen. Einmal hat mir gegenüber jemand folgende Redensart erwähnt: Mut heißt nicht, frei von Angst zu sein, sondern zu verstehen, dass andere Dinge wichtiger sind.

Unter allen Tugenden des spirituellen Lebens ist Mut wohl diejenige, die für die Welt am einfachsten anzuerkennen ist. Jedes Volk dieser Erde bewundert den Geist des Mutes. Wie du selbst gut weißt, hat die Welt keinen Respekt vor Feigheit. Niemand wird jemanden loben, der vor den Anforderungen des Lebens in die Knie geht und vor seinen Pflichten flieht. Du hast auch keinen Respekt vor dir selbst, wenn du voller Angst bist und den Wunsch hegst aufzugeben. Feigheit schwächt alles, für das du eintrittst und an das du glaubst. Feigheit muss eines der schlimmsten Gefühle sein. Wie ein tödliches Gift frisst sie sich in deinen Geist und Verstand und lässt dich langsam sterben, gerade in dem Moment, wenn du am heftigsten ums Überleben kämpfst. Es erfordert Mut nach dem höchsten Ziel zu streben. Es erfordert Mut deine Sinne nach innen zu richten. Es erfordert Mut sich auf die Suche nach dem höchsten Selbst zu begeben und die inneren Welten zu erkunden. Beschließe deshalb hier und jetzt, dass du jeden Augenblick deines Lebens mit der Begeisterung des Mutes und mit göttlicher Zufriedenheit angehen wirst.

IM LEBEN ALLER WESEN gibt es Gelegenheiten zum Unfrieden. Heißt das, dass du aufgeben solltest? Heißt das, dass du deine Schwächen zur Schau stellen und jedem erzählen solltest, wie schwach du bist? Hat dich Gott so zur Erde geschickt? Nein. Er hat dich im Himmel auf dieses Leben vorbereitet. Er hat dir Mut mitgegeben. Er sagte: „Du willst auf die Erde, weil es da etwas gibt, das du lernen willst und weil du dort einen Beitrag leisten kannst. Geh mit meinem vollen Segen." Wie hast du dich anfangs gefühlt, als du dich entschieden hattest, dich zu den übrigen Menschen auf diesem Planeten zu gesellen?

Warum erinnerst du dich nicht an diesen Augenblick des Mutes? Du bist mit Mut auf diese Erde gekommen. Wieso solltest du ihn nun verbergen und herumlaufen, um dich von allen bemitleiden zu lassen? Ist das im Dienste Gottes? Kannst du auf diese Weise Gottes Gegenwart in jedem und allem erkennen?

Feigheit macht alles nur noch schmerzhafter. Ganz gleich, ob es sich um Krieg, Arbeit oder das Leben im allgemeinen handelt. Kannst du sehen, wie sich die Feigheit hinter einem Vorhang aus falschem Mut versteckt und dich in die Zerstörung lockt?

Welche anderen Impulse kommen ungewollt, wenn du in deinen Gefühlen gefangen bist? Welche Phantasien tauchen auf? Hast du dir jemals in einem Verkehrsstau gewünscht, du könntest auf das Gaspedal treten und durch die Autos vor dir hindurch pflügen? Ist das Mut? Zu wünschen, du hättest genug Kühnheit, um alle Rechnungen zu zerreißen und in eine andere Stadt zu ziehen und ein neues Leben zu beginnen? Zu wünschen, du hättest den Mut, dem, der dich so ärgert, eine Ohrfeige zu verpassen?

Tollkühnheit und Wutausbrüche sind kein Beispiel des Mutes, über den wir hier sprechen. Wir reden über die Güte deines Herzens. Diese Art von Mut wird niemals als Waffe eingesetzt. Sie wird niemals benutzt um Leben zu zerstören oder um vor anderen anzugeben.

Wo entsteht dieser Mut wirklich? Denke darüber nach. Wir folgen diesem Lichtstrahl bis zu seinem Ursprung. Die heiligen Schriften besagen nachdrücklich, dass egoistische Wünsche dich in Situationen bringen, die deine Energie vergeuden. Die Quelle des Mutes muss also anderswo liegen. Mut muss von einem Ort stammen, der jenseits jeglicher Begierden liegt, von einem Ort, an dem Begierden verhungern, von einem Ort, wo Weisheit und Vollkommenheit im Überfluss vorhanden sind.

Dieser Ort nennt sich Zufriedenheit. Es ist das tiefe Gefühl, im erhabenen Herzen Gottes zu wohnen, das Wissen um innere Erfüllung. Zufriedenheit bedeutet zu wissen, was dir zusteht und was dir nicht zusteht. Zu wissen, dass alles Gott gehört und in diesem Wissen, in dieser Weisheit, im höchsten Frieden des Herzens zu verweilen.

MUT STEHT IN EINER SEHR ENGEN Beziehung zur Zufriedenheit. Nicht die Art von vorübergehender Zufriedenheit, die du erfährst, wenn du deinen Durst oder Hunger stillst, ist gemeint. Nicht etwa die Genugtuung, die von beschwichtigenden Worten, die dem Ego schmeicheln, herrührt. Nicht etwa die Versprechungen eines bequemen Lebens, die dir andere Menschen machen. Wir sprechen hier über göttliche Zufriedenheit, bei der du vollkommene Hingabe erfährst. Warum? Weil du stark bist. Du gibst dich Gott hin, nicht weil du schwach bist. Du gibst dich Gott hin, weil du stark bist.

Wie ein Philosoph einst sagte: „Zufriedenheit ist eine Perle mit einem hohen Wert, und wer immer sie zum Preis von zehntausend Wünschen ersteht, macht ein kluges und gutes Geschäft.“[3]

Deine Welt kommt ins Gleichgewicht, wenn du dein Leben zwischen Mut und Zufriedenheit ausrichtest. Die Heilige Akkamahadevi, die im zwölften Jahrhundert in Indien lebte, sagte:

> Wenn du in diese Welt geboren bist,
> solltest du nicht über Lob oder Tadel
> deine Gemütsruhe verlieren,
> sondern das Gleichgewicht deines Herzens bewahren.

Baba Muktananda hat stets das Gleichgewicht seines Herzens bewahrt. Er verweilte in der Stille seines Herzens. Wenn du in seiner Nähe warst, hast du dieselbe Art von Stille und Zufriedenheit gespürt. Am Ende seiner ersten Welttour sagte Baba zu einer Gruppe von Suchenden:

> Es gibt keinen Reichtum, der Zufriedenheit gleichkommt, keine Gesundheit wie Zufriedenheit, keinen Ehemann wie Zufriedenheit und keine Ehefrau wie Zufriedenheit.[4]

Ebenso wie Mut ist auch Zufriedenheit keine passive Tugend. Wenn du göttliche Zufriedenheit verspürst, tust du nicht nur so, als ob du im Reinen mit dir wärst. Es ist tatsächlich eine andauernde *Tapasya,* eine wunderbare Anstrengung, „das Gleichgewicht deines Herzens zu bewahren“. Dies ist eine besonders schöne Zeile der Heiligen. Was genau bedeutet es, sich anzustrengen um das Gleichgewicht des Herzens zu bewahren?

Wieso sollte das Wohlergehen des Herzens weniger Mühe kosten als das Wohlergehen des Körpers? Dieselbe Aufmerksamkeit, mit der du deinen Körper ernährst und pflegst, solltest du auch der Nahrung und Pflege deiner Seele widmen. Es erfordert stetige, stille Mühe, damit das Herz den *Rasa,* den lieblichen Geschmack der Zufriedenheit hervorbringt. Du kannst dich nicht einfach hinsetzen und denken: „Ich brauche nichts. Was immer auch passieren wird, wird passieren. *Que será será.*"

Wenn du erst einmal auf den Geschmack kommst und in der Schönheit der Zufriedenheit lebst, hättest du es gerne, dass der Fluss der Gnade über seine Ufer tritt. Es gibt dir den Mut vorwärts zu schreiten und in dieser Zufriedenheit zu leben und das Beste aus dem Geschenk des Lebens zu machen. Das Leben, das voller Schwierigkeiten und Erwartungen, voller Herrlichkeit, voller Herausforderungen, Versprechungen, Beweggründe, Belohnungen und Misserfolge ist, das Leben, das befreit und das uns unsere Freiheit aufbauen lässt, das Leben, welches das Tor zur Erleuchtung ist.

BABA HAT EINMAL GESAGT: „Zufriedenheit zerstört das Ego."[5] Das ist eine begeisternde Behauptung. Es mag überraschend sein, dass eine so gute Eigenschaft so viel Kraft besitzen kann und dass Zufriedenheit tatsächlich das größte aller Hindernisse, das Ego, aus dem Weg räumen kann. Ist es nicht so, als ob das sanfteste Blütenblatt das schärfste Schwert stumpf machen könne, oder als ob ein kleines Blatt einer seltenen Pflanze eine bösartige Krankheit heilen könne, oder dass eine zarte Weinranke einen riesigen Berg entzweiteilen könne? Der Gedanke, dass etwas so kleines und sanftes, so delikates und zerbrechliches wie Zufriedenheit, etwas so großes, widerspenstiges und undurchdringliches wie das Ego vernichten könne, mag weit hergeholt klingen.

Baba würde so etwas jedoch nicht behaupten, wenn seine Aussage nicht vier grundlegende Anforderungen erfüllen würde. Baba bestand darauf, dass alle spirituellen Lehren auf persönlicher Erfahrung beruhen, durch die heiligen Schriften belegt, durch die Worte bedeutender Heiliger gestützt und letztendlich vom eigenen Guru gesegnet sein müssen. Deshalb können wir sicher sein, dass Zufriedenheit das Ego zerstört. Zufriedenheit besitzt diese Sanftheit und diese Stärke zugleich. Sie ist wahrlich der brillianteste lebensspendende *Rasa*, den es gibt.

Wenn Baba sagt: „Zufriedenheit zerstört das Ego", ruft dieser provokante Satz eine Bewegung im tiefsten Innern deiner Weisheit hervor. Er haucht deinem Verständnis neues Leben ein. Er regt das in dir an, was eventuell stagniert hat oder selbstgefällig geworden ist. Er setzt dich in Bewegung.

Selbst das kleinste Maß an Zufriedenheit hat eine starke Wirkung. Hast du jemals die Erfahrung gemacht, dass das Lächeln eines Säuglings dich dahinschmelzen lässt, ganz gleich, was du gerade durchmachst? Bist du nicht trotz eines schweren Herzens verzaubert vom Anblick der Morgensonne, die sich in einem Tautropfen spiegelt? Hast du nicht gehört, dass ein Schluck Wasser jemanden aus der Bewusstlosigkeit holen kann? Zufriedenheit zerstört das Ego.

Was würde geschehen, wenn du von göttlicher Zufriedenheit durchdrungen bist und deinen Mut aus ihr schöpfst? Es würde dich vor den Feinden deines Geistes schützen, welche die Klarheit deiner Seele verschlingen.

Wo kann Zufriedenheit wirklich gefunden werden? Zufriedenheit kommt aus der Erkenntnis, dass du bei Gott bist und Gott bei dir ist. Diese Erfahrung muss ständig erneuert werden. Dann ist deine Zufriedenheit immer frisch wie der Morgen und neu wie der Beginn eines jeden Jahres. Rufe dir immer wieder in Erinnerung: „Ich bin bei Gott, und Gott ist bei mir. Ich bin bei Gott und Gott ist bei mir."

Erwache zum Mut in dir und sei von göttlicher Zufriedenheit durchdrungen.

KÜRZLICH HATTE ICH EINEN WUNDERSAMEN TRAUM. In diesem Traum bin ich mit einer Gruppe von Suchenden, wie auch mit einigen Löwen und Tigern im Ozean geschwommen. Wir hatten alle großen Spaß. Plötzlich rief mir jemand zu: „Sie kommen! Sie haben begonnen!"

Wir blickten auf und sahen eine Reihe von Riesenwellen am Horizont. Sie waren noch weit entfernt, kamen jedoch schnell näher. Sie waren riesig, sie waren mindestens sechzig Meter hoch. Alle außer mir waren großartige Schwimmer. Ich hatte keine Ahnung, wie man diese Wellen nimmt. Ich hatte keine Chance zu entkommen. Die Wellen schienen an Geschwindigkeit und Höhe zuzunehmen, je näher sie kamen. Ich entschied, dass es das Beste sei, völlig loszulassen und mich von den Wellen tragen zu lassen, als wäre ich leblos. Ich gab mich in vollem Bewusstsein dem

Ozean hin. Ich war völlig klar, ruhig und schwerelos, so dass der Ozean über mich hinwegspülen und mit mir machen konnte, was er wollte. Tief in meinem Innern wusste ich, dass dies das Mutigste war, was ich tun konnte. In diesem Zustand der Ruhe und Meditation habe ich verharrt und der Versuchung, mich gegen die Wellen zu wehren, widerstanden.

In diesem Zustand tiefster Ruhe konnte ich die anderen immer noch hören: „Sie kommen! Sie kommen! Die Wellen kommen!“ Plötzlich begannen die riesigen, hohen Wellen auf uns niederzustürzen. Jeder bemühte sich, über Wasser zu bleiben. Allmählich war es jedem gelungen auf einer Welle zu reiten und sich zu retten. Ich war allein im tosenden Meer. Jedoch fühlte ich mich nicht im Mindesten hilflos. Ich befand mich in einem Zustand tiefster Ruhe, in einem tiefen Zustand der Meditation. Mein ganzes Wesen war von der absoluten Hingabe an den Ozean und daraus resultierender vollkommener Zufriedenheit durchdrungen. Es war meine Wahl. Ich hatte beschlossen, mich bewusst hinzugeben und einfach da zu sein. Nach geraumer Zeit fand ich mich sanft und unversehrt an den Strand befördert. Mein Zustand war immer noch der gleiche. Es war eine sehr tiefe und glückselige Erfahrung des absoluten Schutzes. Aus meinem tiefsten Innern stiegen spontan diese Worte auf: „Ich bin die Tochter des Ozeans. Ich bin die Seele des Ozeans.“

Alle waren begeistert, dass ich noch am Leben war. Dann schauten wir uns um und sahen, dass einer der Löwen, der auch an den Strand geworfen worden war, sich in großen Schmerzen befand. Es sah aus, als hätte er sich den Rücken gebrochen. Der Löwe hatte gedacht, er könne gegen die Wellen ankämpfen und sie in einem großen Spektakel des Mutes und der Stärke erobern. Nun lag er jedoch da und litt Qualen. Er konnte sich kaum bewegen. Wir gingen zu ihm und standen bei ihm.

Als er uns sah, sagte er: „Ihr alle, lernt diese Lektion von mir! Es war nicht der Ozean, der mich verletzt hat. Mein eigener Stolz hat mich verletzt."

Wann immer du meinst, hilflos zu sein, weist du die Gnade Gottes und den Segen des Gurus zurück. Wann immer du dich jedoch der Quelle der Gnade zuwendest und das ewige Licht Gottes in deinem Herzen anrufst, findest du die Ruhe und den Schutz, den du brauchst. Mögest du zum Mut in dir erwachen und von göttlicher Zufriedenheit durchdrungen sein.

1. Januar 1997
Shri Muktananda Ashram
South Fallsburg, New York

WIE KANN ANGST, eine so einschränkende Kraft, in einem Lebewesen entstehen? In der *Viveka Chūdāmani,* einer philosophischen Schrift des großen Meisters Shankaracharya aus dem achten Jahrhundert, steht: „Sobald ein Mensch, selbst wenn er *Viveka,* Unterscheidungsvermögen, besitzt, auch nur die geringste Trennung zwischen ihm und dem Absoluten, dem unendlichen Brahman, wahrnimmt, dann steigt unweigerlich Angst in ihm auf. Eine solche Trennung kann nur durch Unwissenheit wahrgenommen werden."[1]

Es ist diese Lücke, dieser scheinbare Unterschied, der die Angst entstehen lässt. Sobald sich die individuelle Seele von der höchsten Seele getrennt sieht, kann die Angst aus dieser Lücke aufsteigen. Solange die Verbindung zwischen der individuellen Seele und dem Göttlichen ruhig und ungestört ist, herrscht totale Sicherheit und absolute Freude.

Man fühlt sich gesegnet und alles ist in göttliche Herrlichkeit gehüllt.

Sobald du jedoch einen Unterschied zwischen dir und dem allsegnenden Licht machst, breitet sich die Angst in dir aus. Wenn du Gedanken hegst wie: „Ich unterscheide mich von dem göttlichen Licht. Das göttliche Licht ist von mir getrennt. Ich gehöre nicht zu Gott. Gott gehört nicht mir. Ich bin anders als DAS“, sofort wenn sich diese Kluft bildet und diese Verwirrung entsteht, ist die Angst da. Alle, die die Wahrheit kennen, jene erleuchteten, in steter Gotteserfahrung lebenden Seelen, wissen um den Ursprung der Angst.

Natürlich gibt es nie eine wirkliche Trennung zwischen dir und dem Licht. Eine solche Idee ist pure Illusion. Das ist es, was in den heiligen Schriften als Unwissenheit bezeichnet wird. Sie beruht auf dem Umstand, dass die Sinnesorgane nicht wahrnehmen können, wie das Licht Gottes die Materie der Welt durchdringt. In ihrer Unwissenheit missdeuten die Sinnesorgane das, was sie sehen und glauben, dass die sichtbare Welt die einzige Wirklichkeit sei. Diese Unwissenheit ist die Wurzel aller Angst.

28. DEZEMBER 1996
Shri Muktananda Ashram
South Fallsburg, New York

KAPITEL 2

MEDITATION *und* GLÜCK

JE MEHR UND MEHR DU DICH in die Botschaft *Erwache zum Mut in dir und sei von göttlicher Zufriedenheit durchdrungen* vertiefst, stellst du dir vielleicht einige bedeutungsvolle Fragen: Wenn du dich glücklich fühlst, kommt es dir jemals in den Sinn, tiefer in dieses Glücksgefühl einzutauchen? Denkst du daran, es sich verstärken und länger anhalten zu lassen? Fragst du dich, woraus es gemacht ist und wo es herkommt? Versuchst du herauszufinden, wie viel mehr von dem Glücksgefühl in dir sein könnte?

Eine der besten Auswirkungen, die die Meditation mit sich bringt, ist folgende: Du bekommst eine engere Beziehung zu deinem eigenen Glück, deiner eigenen Zufriedenheit. Bei der Meditation geht es vor allem darum, dass du ein riesiges Glücksdepot entdeckst, das dir gehört und darauf wartet, von dir in Anspruch genommen zu werden. Egal wie glücklich du dich fühlst, es wartet noch so viel mehr Glück in dir darauf, empfunden zu werden. Wenn du die inneren Welten erforschst, stößt du auf ein Meer der Zufriedenheit.

Durch die Meditation kannst du den Palast deines Herzens betreten. Jedoch wird die Meditation oft falsch verstanden. Die Leute denken, man müsse verzweifelt sein um zu meditieren oder müsse in einer Krise stecken um das Licht Gottes erfahren zu wollen. Sie glauben tatsächlich, dass es erst dann, wenn man sich völlig nutzlos fühlt und denkt, man hätte der Gesellschaft nichts mehr zu bieten, vielleicht an der Zeit sei sich nach innen zu wenden.

Manchmal schauen dich die Leute mitleidig an, wenn sie hören, dass du meditierst. Sie stellen sich vor, dass alles in deinem Leben schief läuft und du deshalb meditierst. Sie denken: „Was hat der noch zu verlieren? Da kann er auch meditieren." Meditation wird auf die unterste Stufe gestellt, als letzte Rettung gewissermaßen.

Mein Guru, Baba Muktananda, hat eine außergewöhnliche spirituelle Autobiographie mit dem Titel *Spiel des Bewusstseins* geschrieben. Es ist ein wundervolles Buch. Er sagt darin: „Gott existiert, aber der Mensch ist in einem bedauerlichen Zustand, weil er sich von ihm abgewandt hat und ohne Glauben lebt."[1]

Wie kannst du wahrhaftig beschreiben, was Gott ist? Gott ist großartig und seine Größe ist unermesslich. Je mehr du von Ihm entdeckst, desto mehr gibt es über Ihn zu wissen. Gott ist ein Rätsel, und Seine Herrlichkeit wird dich immer und ewig erstaunen. Ein starker Glaube an die Existenz Gottes ist in sich schon eine große Errungenschaft.

Wenn sich Leute über Gott unterhalten, wen und was genau meinen sie dann? Dies ist eine wichtige Frage, die eingehender betrachtet werden sollte.

Der ekstatische Sufi-Heilige Hafiz beantwortet diese Frage in seinen Gedichten. Er sagt:

> Ich habe eintausend brillante Lügen
> auf die Frage:
> Wie geht es Dir?
>
> Ich habe eintausend brillante Lügen
> auf die Frage:
> Was ist Gott?

Wenn du denkst, du erfährst die Wahrheit
aus Worten,

Wenn du denkst, dass die Sonne und das Meer
durch die winzige Öffnung,
die Mund heißt, passen,

Oh, jemand sollte anfangen zu lachen!

Jemand soll doch anfangen wild zu lachen –
Jetzt sofort![2]

Die Heiligen und Weisen erzählen uns auf ihre eigene Art, wer und was Gott ist. Sie sagen den Suchenden nicht direkt, was sie zu tun haben. Stattdessen regen sie die Suchenden dazu an, den Blick nach innen zu richten und Bereiche ihres Lebens, die sie sonst nicht beachten würden, in Frage zu stellen.

EINES TAGES STATTETE EIN JUNGER STUDENT dem großen Heiligen Pater Phillip Neri einen Besuch ab. Er erzählte dem alten Mann voller Stolz, dass er Jura studieren werde: „Ich bin richtig glücklich", meinte er, „ich habe einen scharfen Verstand und werde sehr fleißig studieren und ein sehr guter Anwalt werden."

„Und was dann?", fragte Pater Phillip ruhig.

„Ich werde alle meine Fälle gewinnen und mir einen großen Namen machen."

„Und was dann?"

„Dann werde ich reich sein und mir ein schönes Haus bauen."

Der Pater nickte und fragte: „Und was dann?"

„Ich nehme an, ich werde heiraten und bis ins hohe Alter mit der Frau, die ich liebe, zusammenleben."

„Und was dann?"

Der Student hielt inne. Nach einigem Nachdenken meinte er: „Dann werde ich, so wie alle anderen auch, eines Tages sterben."

„Und was dann?", fragte der Heilige.

Der junge Mann war verstört.

Ist es dir jemals auch so ergangen? Es fallen Worte, die dein Herz berühren und du entdeckst etwas, mit dem du dich eigentlich gar nicht befassen willst, aber du weißt, dass du es tun sollst, und dann fühlst du dich leicht unwohl und ein bisschen aufgewühlt? Vielleicht bist du sogar wütend auf die andere Person, die ein solch heikles Thema anspricht, über das du lieber nicht reden möchtest.

Der junge Mann war durch die Frage verstört. Und doch antwortete er voller Ernst: „Dann werde ich auf das Jüngste Gericht warten."

Jetzt erwiderte der Heilige gar nichts und Stille kehrte ein. In diesem Schweigen erfuhr der junge Mann etwas Großartiges über sich selbst und über den Sinn des Lebens.

Eine tiefe Stille wie diese birgt die Antworten auf alle Fragen. Einer Stille dieser Art entspringt das Glück, das die Quelle von Mut und Zufriedenheit ist.

WORIN LIEGT DAS GLÜCK? Wo kannst du wahre Zufriedenheit finden? Wenn dein Glück in der Erfahrung Gottes verankert ist, dann ist es dauerhaft. Es wird nie ein Ende geben. Wenn jedoch dein Glück davon abhängt, wie gut dein Leben läuft, wie erfolgreich du bist, wie sehr dich die Leute loben, wie oft du das bekommst, was du willst, und wie heimelig du es hast in deiner kleinen Welt, dann musst du wissen, dass solch ein Glücksgefühl nicht von Dauer ist. Es gründet sich auf Illusionen. Diese Art von Glück findest du nur außerhalb von dir. Da aber alles ständig in Bewegung ist, mag solch ein Glück dir nicht beschieden sein, gerade dann nicht, wenn du es am nötigsten brauchst.

Denke darüber nach. Hast du jemals die Garantie, dass solch ein Glück frei von versteckten Erwartungen ist? Kann es auf eigenen Beinen stehen? Bist du wirklich nur des Glückes wegen glücklich? Oder brauchst du die Unterstützung gewisser Umstände? Wenn dich zum Beispiel eine gewisse Speise glücklich macht, und es diese Speise gerade nicht gibt, dann gibt es dein Glücksgefühl auch nicht. Wenn dich die Arbeit an einem bestimmten Projekt glücklich macht und das Projekt ist abgeschlossen, dann schwindet auch dein Glücksgefühl. Wenn dein Glücksempfinden von einer erfolgreichen Forschungsarbeit herrührt und die Forschung wird verhindert, dann bist du schlecht gelaunt. Wenn dein Glück davon abhängt, wie gut du zu anderen Menschen sein kannst und wenn du es ihnen dann nicht recht machen kannst, bist du enttäuscht und besorgt. Wo ist dann dein Glücksgefühl?

Die Weisen und Heiligen beschreiben diese Art von Glück als Sinnesfreude. Es sind die Sinnesorgane, die das Glück empfinden und nicht dein Herz. Dieses Glück geht nicht sehr tief und ist deshalb einsturzgefährdet. Es handelt sich hier nicht um wahre Zufriedenheit. Ist dir das noch nicht aufgefallen? So oft schenkst du anderen Menschen Liebe. Du weißt, dass du ihnen Liebe schenkst und doch sind sie unfähig, sie zu spüren. Im Gegenteil, sie hören nicht auf, dir zu sagen, dass du ihnen niemals Liebe gibst. Warum können sie die Liebe nicht empfinden? Weil ihr Herz nicht glücklich ist.

Wie kannst du dich dem Licht des Glücks zuwenden? Akzeptiere zunächst, so steht es in den heiligen Schriften, die Möglichkeit – nur die Möglichkeit – dass Gott in dir wohnt. Du musst nicht daran glauben, beginne lediglich mit der Möglichkeit. Sobald du das tust, spürst du, wie sich eine frische, sanfte Kraft in deinem Körper regt. Dieses Gefühl ist ein kurzer Einblick in das große Licht, das dir innewohnt.

BABA SAGTE EINMAL: „Ich habe vollständig verstanden, und es ist meine feste Überzeugung, dass der menschliche Körper der Tempel Gottes ist. Das ist nicht nur bloßes Wissen, ich habe es selbst erfahren. In diesem Tempel existiert der lebendige Gott. Deshalb heiße ich euch alle von ganzem Herzen und mit großer Liebe willkommen.“[3]

Baba versäumte nie eine Gelegenheit alles willkommen zu heißen. Er liebte es, jeden Menschen, jedes Tier und jede Pflanze und alle Dinge zu begrüßen. Auf seinem morgendlichen Spaziergang blieb er stehen um den Bäumen einen guten Morgen zu wünschen.

Ich liebte es, ihn auf seinen Spaziergängen zu

begleiten, und als ich noch klein war, dachte ich: „Wieso sagt er ‚Guten Morgen' zu einem Baum?"

Später begrüßte Baba auf seinen Reisen bei seinen Morgenspaziergängen die Jogger und Spaziergänger. Alle grüßten ihn freundlich zurück. Sein Herz ging zu allem und jedem hin. Sobald du ihn sahst, verspürtest du Liebe. Nicht dass du *seine* oder *deine* Liebe oder eine spezielle Liebe spürtest, es war *die* Liebe, die Liebe, die dich lieben macht. Sie war greifbar nahe und intensiv. Baba begrüßte jeden mit Offenheit und erklärte es damit, dass er in jedem Menschen einen Tempel Gottes sieht. Egal wer, jeder, der ihm begegnete, war für ihn ein Tempel Gottes.

Im Allgemeinen wird der menschliche Körper auf zwei Arten behandelt. Entweder wird er als ein Klumpen Fleisch mit Knochen abgetan oder man beschäftigt sich fanatisch mit ihm. Die Leute bilden sich auf ihren Körper ziemlich viel ein und das Ego durchdringt jede Bewegung und jedes Kleidungsstück. Die meisten Leute übertreiben es mit ihrem Körper und das ist nicht gerade förderlich, um ein höheres Bewusstsein zu erlangen und zu erkennen, wofür der menschliche Körper wirklich steht. Manche Leute unterziehen sich einer strengen Fastenkur um ihr Ego aus dem Körper zu verbannen, doch alles was sie damit erreichen, ist eine Abmagerung. Sie kommen der inneren Wahrheit kein bisschen näher. Dann gibt es andere Leute, die ihren Körper auf alle möglichen Arten verwöhnen, als ob dies der ganze Sinn des Lebens wäre.

Du musst dich zweifelsohne um dein elementares Wohlergehen kümmern, du musst deinen Körper pflegen.

Wir sprechen hier jedoch über Extreme. Viele Menschen ignorieren das göttliche Licht, das ihnen innewohnt. Sie verstehen nichts von Meditation. Sie haben sich noch nicht mit der höchsten Zufriedenheit auseinandergesetzt. Sie haben bis jetzt noch nicht das göttliche Selbst, das große innere Licht, entdeckt. Aus diesem Grunde verfallen sie entweder in Selbstdemütigung oder in Selbstverherrlichung.

Baba Muktananda sagte, dass der menschliche Körper ein Tempel Gottes sei. Er sprach nicht aus abstraktem Wissen oder blindem Glauben, sondern aus persönlicher Erfahrung heraus. Im alten *Yajur Veda*, einer heiligen Schrift Indiens, gibt es einen Vers, der besagt, dass der menschliche Körper, den wir empfangen haben, voller Kraft und Glanz ist. Er ist für die Meditation und selbstloses Dienen geschaffen.[4] Er ist dazu bestimmt, dich zu Gott zu führen. Dein Körper beherbergt das Licht Gottes – was für ein großartiges Wissen, an das wir uns halten können.

Um dieses Mysterium wieder entdecken zu können, haben die alten Weisen uns ein wunderbares Werkzeug an die Hand gegeben, es heißt Meditation. Sitz nun für einige Minuten still und beobachte deinen Atem. Wir werden eine *Dhāranā* durchführen, eine Konzentrationsübung, die uns hilft in Meditation zu gleiten.

Denke einen Moment an das göttliche Licht, das in deinem Wesen, in deinem Körper, wohnt. Atme tief ein und lass dir viel Zeit beim Ausatmen. Denke an all die guten Dinge, die dir dein Körper jemals ermöglicht hat: die guten Gedanken, die dir in den Sinn kamen, die guten

Worte, die du ausgesprochen hast und die guten Taten, die du verrichten konntest. Denke an die Zeiten, in denen du Freude und Liebe in deinem Körper empfunden hast. Denke darüber nach, wie oft du dir vorgenommen hast, für andere Gutes zu tun und wie oft du es tatsächlich getan hast.

Nun gehe über die Vorstellung von Güte hinaus und spüre die Kraft, die Gutes ermöglicht. Es ist das Licht in deinem eigenen Herzen, es ist das göttliche Licht, das rein und unveränderlich bleibt.

Atme nun in deinem natürlichen Rhythmus weiter.

In deinem Körper wohnt das göttliche Licht. Dein Körper ist der Tempel Gottes. Das Licht existiert in allem, an allen Orten und zu jeder Zeit. Je mehr du dir des göttlichen Lichts in deinem Körper bewusst wirst, desto großartiger fühlst du dich und desto großartiger wird für dich die Welt, in der du lebst.

DIE MEDITATION IM SIDDHA YOGA findet ganz von selbst durch Gnade statt. Vor allem durch die Gnade des Gurus. Es stimmt, dass die Gnade zu jeder Zeit durch jedes Leben fließt. Es gibt kein Leben ohne Gnade. Doch muss es der Suchende wert werden um sie empfangen zu können. Es ist nicht so, dass die Gnade mehr auf den einen oder den anderen scheint, aber du musst die Fähigkeit entwickeln, sie in dir zu spüren. Andernfalls ist es lediglich so, als ob du Wasser auf einen heißen Stein gießt. Sobald das Wasser den Stein berührt, verdunstet es schneller als du schauen kannst, und das schon, während du noch am gießen bist.

Gnade besitzt eine ungeheure Kraft, sie ist äußerst rein und unglaublich heilig. Man darf sie nie unterschätzen oder vergeuden. Wie kannst du dir die Kraft der Gnade verdienen? Durch Meditation. Aus diesem Grunde gebrauchen wir Techniken, die uns helfen, all unsere Energien zu bündeln und sie zum Herzen, zum Palast des Herzens, zu leiten. Dann bist du fähig beim meditieren Gnade zu erfahren und die Meditation findet von selbst statt. Die Meditation wiederum ermöglicht es dir, die Gnade zu halten und in deinem Leben zu voller Blüte zu gelangen.

Einer der Ärzte, die Siddha Yoga praktizieren, erzählte mir, wie er seine Patienten betreut. Sind sie Yoga-Schüler, so fragt er sie: „Haben Sie in letzter Zeit meditiert?"

Oft erwidern die Leute, die ihn aufsuchen: „Mmh, eigentlich nicht."

„Haben Sie in letzter Zeit gesungen?"

„Manchmal ja, aber ich war immer sehr beschäftigt."

„Gut, und haben Sie sich Zeit genommen, nur um für sich zu sein, einfach um still zu sein?"

„Oh, Herr Doktor, ich bin so beschäftigt, wirklich so beschäftigt, ich habe zu nichts Zeit."

Daraufhin sagt dann der Arzt: „Hören Sie mir gut zu. Meine Medizin wirkt viel besser, wenn Sie meditieren und wenn Sie sich Zeit für sich selbst nehmen. Achten Sie auf ihren Atem. Verbringen Sie einige Zeit mit sich selbst. Sie müssen begreifen: Sie allein sind die beste Medizin für sich selbst. Wenn Sie wirklich bei sich selbst sein können, beschleunigt sich Ihre Selbstheilung um einiges."

Jedes Mal wenn ich den Ratschlag dieses Arztes höre, freue ich mich. Er erinnert die Leute daran, dass jede Art von Heilung nur dann stattfinden kann, wenn sie bei sich selbst sind. Das ist die Kraft der Meditation.

DIE INDISCHEN SCHRIFTEN lehren uns viele Stufen der Meditation. Wenn du mit deiner Meditationspraxis fortfährst, gelangst du durch verschiedene Stufen tiefer Meditation oder *Samādhi*. Du erfährst verschiedene Geisteszustände. Dies ist ein umfassendes und subtiles Thema. Wenn du jedoch mit Hilfe der Gnade des Gurus meditierst, brauchst du dir über die verschiedenen Stufen der Meditation keine Gedanken zu machen. Du brauchst nicht zu fragen: „Auf welcher Stufe bin ich jetzt angelangt?" Solange du der Lehre, die du empfangen hast, folgst und solange du dein Inneres beobachtest und untersuchst, wird dir die Gnade die inneren Welten offenbaren. Die Gnade wird dich führen, dich unterstützen und jeden Schritt deines Weges erleichtern. Wenn du auf der letzten Stufe der Meditation ankommst, wirst du in das Allerheiligste deines Tempels im Innern eingeweiht. Dann wirst du nur noch Licht erblicken, das göttliche Licht, das die wahre Form Gottes ist.

In der *Uddhava Gītā* spricht Lord Krishna zu seinem Schüler: „Wenn dein Geist so erfüllt ist, dann siehst du nur Mich in dir und du siehst dich mit Mir, dem Selbst von allem, vereinigt, so wie das Licht ins Licht fließt."[5]

Was für ein schönes Bild – Licht fließt ins Licht. Gott zu erkennen, Gott zu erfahren, ist vergleichbar mit Licht, das in Licht fließt. Dann gibt es keine Trennung mehr und du erfährst die wunderbare Vereinigung mit deinem Selbst.

Selbst wenn du erst beginnst zu meditieren, kann dir deine Meditation genau zeigen, wo du dich gerade im Leben befindest. Sie kann dir über deine innere Ausgeglichenheit und über deine innere Beziehung zu dir selbst Auskunft geben. Wenn du dich innerlich gut und stark fühlst, fällt es dir leicht zu meditieren. Wenn du dich aber anstrengen musst, um in tiefe Meditation zu gleiten, kann dies ein Zeichen dafür sein, dass du in deinem Leben unter Druck stehst, der durch deine Arbeit, deine Beziehungen, allgemeine Angstgefühle oder Müdigkeit bedingt sein kann. Durch Meditation wird dir bewusst, wie du dein Leben führst. Hast du zuviel gegessen? Hast du zuviel gesprochen? Hast du zuviel nachgedacht?

Lass dich nicht entmutigen, wenn die Meditation zunächst etwas unbequem ist. Das ist eine vorübergehende Phase. Die Meditation macht dich in Wirklichkeit stark genug um Seiten an dir zu erforschen, vor denen du zuvor zurückgeschreckt bist.

Neulich sagte mir jemand, dass es ihm davor graut, ein Fitnesstraining zu beginnen.

„Warum?", fragte ich ihn.

„Wenn ich zum Training gehe", meinte er, „sehe ich die anderen, die mir schon so weit voraus sind. Sie sind fit und stark und voller Begeisterung dabei. Aber ich, ich bin zimperlich und schwach. Ich habe keine Muskeln und jeder kann sehen, was ich für ein Schwächling bin."

Da musste ich lachen und sagte zu ihm: „Die anderen haben dies bestimmt auch durchgemacht, sie mussten auch irgendwann einmal anfangen und nur so konnten sie dahin gelangen, wo sie heute sind. Du musst irgendwo anfangen, und später sehen dich die anderen und stellen fest, wie fit und stark und voller Begeisterung du bist."

Du musst irgendwo beginnen. Du kannst nicht denken: „Ich habe zuletzt vor zwanzig Jahren meditiert, wenn ich jetzt wieder damit anfange, denken die anderen, ich sei ein blutiger Anfänger." Soll ich dir etwas sagen? Es ist immer großartig etwas Neues zu beginnen. Es ist wirklich gut. Beginne deine Meditation so, als hättest du noch nie zuvor meditiert. Fang einfach an. Lass es einfach geschehen.

Wann immer dir bange ist, in dich selbst hineinzuschauen, dann ist es an der Zeit, dir tiefere Fragen zu stellen. Wenn du diese Art von Angst in dir entdeckst, heißt das, dass du reif dafür bist, dich nach innen zu wenden, du bist reif für die Meditation. Wenn du soweit bist, gehst du über deine tiefzitzende Angst hinaus und es ist ein Zeichen deiner Bereitschaft zur Veränderung. Diese Bereitschaft ist in jedem von euch vorhanden. Das einzige, was du tun musst ist zu lernen, wie du am besten auf dieser Welle, dieser goldenen Welle der Bereitschaft, reitest.

Sobald du mehr und mehr über dich erfährst, vor allem durch Meditation, begreifst du, dass dieser Körper der Tempel Gottes ist und einen großen Schatz in sich birgt. Wahre Herrlichkeit existiert in dir und das ist der Grund, warum du tief in dein inneres Wesen eindringst.

Durch Meditation kommen die verborgenen Juwelen zum Vorschein. Sie sind bezaubernd schön und Ehrfurcht gebietend.

Dieses Wissen bildet den Mittelpunkt der Tradition der indischen Lehren. Ein großer Weiser sagt: „Um einen Schatz, der tief in der Erde vergraben ist, zu finden, gibt es nur einen Weg: du musst nach ihm graben. Dasselbe gilt, wenn du das tiefste Innere deines Selbst erfahren möchtest. Es gibt nur einen Weg: über dein Selbst zu meditieren.“ [6]

WIR HABEN DIE EIGENSCHAFTEN Mut und Zufriedenheit gründlich beleuchtet. Seit dem Beginn der Siddha Yoga Tour hier in Australien wurde mir viel über mutige Taten berichtet. Ich habe von Männern gehört, deren Yacht im eiskalten Ozean gekentert war. Während sie eisernen Willen zeigten und alles taten um zu überleben, machte sich eine Truppe von wahren Helden in der stürmischen See auf den Weg um diesen Männern zu helfen. Die Retter hatten den Mut und die Großherzigkeit, ihr Leben für diese Schiffbrüchigen, trotz der außergewöhnlich widrigen Wetterlage zu riskieren. Wir haben herzergreifende Berichte über den Mut gehört, den die Feuerwehrleute während der vergangenen Buschbrände zeigten. Diese Berichte bewegen uns sehr.

Die Botschaft *Erwache zum Mut in dir* bezieht sich allerdings auf einen tieferen Einblick in die aufrechterhaltende Kraft des Mutes, seine unerschöpfliche Natur und all seine feinen Nuancen. Durch diese Botschaft sollen wir den Mut, der so stark in uns vorhanden ist, auch ohne äußere dramatische Umstände entdecken. Es gehört schon viel Mut dazu, nur ein paar Minuten still zu sitzen um tief in sein Inneres einzutauchen.

Ich höre immer wieder Beschwerden von Leuten, die meinen, sie wären sehr fortgeschritten in punkto Meditation. Sie erzählen mir: „Jedes Mal wenn ich mich zur Meditation hinsetze, schlafe ich ein." Oder: „Ich habe aufgehört zu meditieren, weil ich befürchte, dass ich dann nicht mehr normal handeln kann." Oder: „Ich kann nicht meditieren. Es gibt zu viele andere wichtige Dinge zu tun." Oder sie sagen: „Auch wenn ich mich nicht wirklich zur Meditation hinsetze, so denke ich aber über Meditation nach. Das ist doch wie meditieren, oder?" (Baba antwortete solchen Leuten immer: „Gut und schön, warum denkst du dann nicht einfach nur ans Essen, wenn du Hunger hast?")

Oder sie sagen: „Ich meditiere am liebsten, wenn ich im Bett liege. Weißt du, ich mache das Licht aus und mache die Augen zu. Ich atme tief ein und atme lange aus." Zugegeben, sie machen hier eine zutreffende Aussage. Es gibt eine Art zu meditieren, die *Shavāsana* heißt, die „Leichen-Stellung" des Hatha Yoga. Nach einer Reihe von Hatha Yoga Übungen legst du dich in einer bestimmten Weise flach auf den Rücken und gleitest so in tiefe Meditation.

Einige dieser Aussagen sind also gut. Einige dieser Überlegungen sind gerechtfertigt. Wenn du dich aber nicht wirklich anstrengst Meditation als solche zu verstehen, wie weit kommst du dann wirklich? Wenn du allerdings nichts anderes tust, als lediglich deine Gedanken über

Meditation im Kopf herumkreisen zu lassen, dann hast du keinen Erfolg.

BABA BETONTE IMMER WIEDER, was für eine große Bereicherung Meditation für dein Leben ist. Er sagte zum Beispiel: „Ihr müsst verstehen, was für ein Geizkragen ich in Wirklichkeit bin."

Und wir antworteten erstaunt: „Tatsächlich?"

„Ja!", erwiderte er, „ich bin ein großer Geizkragen. Seht ihr, ich hätte niemals meine ganze Zeit damit verbracht, den spirituellen Weg zu gehen, wäre niemals bei meinem Guru geblieben und hätte auch nicht meditiert, wenn ich nicht genau gewusst hätte, dass all dies mir großen Gewinn bringen würde. Weil diese Tätigkeiten mir wunderbare Bereicherungen zuteil werden ließen, habe ich ihnen meine Zeit gewidmet, deswegen bin ich dabei geblieben." Und dann sagte er: „Durch Meditation wird ein Arzt zu einem besseren Arzt. Sie macht einen Ingenieur zu einem besseren Ingenieur. Sie macht eine Sekretärin zu einer besseren Sekretärin. Eine Mutter wird zu einer besseren Mutter durch Meditation."

Sein ganzes Gesicht strahlte, wenn er diese Worte sprach. Er hatte den Nutzen der Meditation nicht nur selbst erfahren, sondern auch gesehen, wie die Meditation das Leben vieler, vieler Menschen gesegnet hat. Um aus der Meditation solch wunderbaren Nutzen zu ziehen, musst du verstehen, welche Kraft diese Übung wirklich in sich trägt.

Wieso weigern sich manche Leute, Meditation zu verstehen? Was hält sie zurück? Letztendlich ist es immer eine Art von Angst.

Ihr glaubt nicht, wie viele Menschen auf dem spirituellen Weg insgeheim Angst vor der Meditation haben. Wenn du jedoch etwas näher hinschaust, stellst du fest, dass sie grundsätzlich vor allem Angst haben. Wann immer ich Angst vor Baba hatte, war es nur, weil ich auch andere Ängste hegte. Sobald ich Angst hatte etwas Bestimmtes zu tun, dann war es nicht nur eine Sache, die mich ängstigte, sondern ich fürchtete mich auch noch vor vielen anderen Dingen. Leute haben nicht bloß Angst zu meditieren, sie scheuen sich auch vor vielen anderen Dingen. Daher befinden sie sich ständig in emotionalen Dramen. Es ist, als ob sie mit all den Dramen ihre Unsicherheiten überdecken könnten. Ihre Ängste kommen dann nicht zum Vorschein und die anderen können nicht sehen, was sich in Wirklichkeit in ihnen abspielt. Diese Täuschung kann bewusst oder unbewusst ablaufen, darum geht es aber im Grunde genommen gar nicht. Vor wem verstecken sie ihre Ängste? In erster Linie vor sich selbst.

Wenn du dich bei dieser Beschreibung wiederfindest, nimm dir einen Augenblick Zeit und denke darüber nach. Du scheust dich vielleicht vor der Meditation oder dem spirituellen Weg. Vielleicht fürchtest du dich sogar vor deiner eigenen inneren Güte? Falls dies der Fall ist, kommt es dann nicht auch daher, dass du vor so vielen anderen Dingen in deinem Leben Angst hast, vor vielen Menschen, vor vielen Projekten und vor vielen Orten. Angst hält die Menschen oft zurück und sie sondern sich ab, und das nicht nur auf der spirituellen Ebene.

Woher kommen diese Ängste? Wie entstehen solche schrecklichen Ängste? Grundsätzlich aus deinen eigenen Gedanken. Du denkst an etwas Negatives und schon bist du voller Angst. Viele deiner angsterfüllten Gedanken sind einfach zur Gewohnheit geworden oder laufen sogar instinktiv ab. Warum hat zum Beispiel ein Kind Angst, alleine im Dunkeln zu sein? Wieso erfindet es Ungeheuer, die gar nicht existieren, ihm aber Alpträume bereiten? Einige Wissenschaftler meinen, es komme daher, dass unsere frühesten Vorfahren ständig von wilden Tieren angegriffen wurden. Vor vielen tausend Jahren hat ein Kind in panischer Angst geschrien, weil ein wildes Tier es verschlungen hätte, wenn die Mutter nicht schnell genug wieder zurückgekommen wäre. Diese fundamentale Überlebensangst ist uns geblieben, obwohl Babys heute in einer sicheren Umgebung groß werden.

Dieser Urinstinkt überlebt noch in einer anderen Weise. Besucher eines Waisenhauses sind oft überrascht, wie still es auf der Säuglingsstation ist. Überleg jedoch einmal: Wenn ein Neugeborenes in früheren Zeiten von der Mutter verlassen wurde, war es wilden Tieren ausgesetzt, und die einzige Chance nicht von ihnen entdeckt zu werden, bestand darin, mucksmäuschenstill zu sein. Manche Leute scheuen sich, ihren Mund aufzumachen, weil sie sich abgewiesen oder verlassen fühlen. Sie fürchten sich vor denen, die sie eventuell hören können, wie vor wilden Tieren, die sie gleich anfallen könnten. Diese uralte instinktive Angst kann sich entweder durch Schreckensschreie oder durch stumme Stille ausdrücken.

Der Geist erfindet seine eigenen Ängste und lässt sie Wirklichkeit werden und dann leiden wir unter diesen Ängsten. Wenn du nur begreifen könntest, dass du so viel stärker bist als diese Ängste. Baba hat einmal gesagt:

> Gedanken sind nicht so rein und so mächtig wie du. Was kann ein Mensch von diesem Leben erhoffen, wenn er sich hilflos von seinen eigenen Gedanken enteignen lässt? Wie kann jemand, der zulässt, dass er von banalen, unnützen und dummen Gedanken ausgeplündert wird, als Mensch bezeichnet werden? Sollte ein Mensch nicht Selbstachtung haben? Sollte er sich nicht seines wahren Wertes bewusst sein? Es sollte ihm doch möglich sein, seine nichtsnutzigen Gedanken abzulegen und sich auf den Weg zu Gott zu begeben.[7]

WAS HEISST ES, zu deinem inneren Mut zu erwachen? Es bedeutet, dass du deine innere Reinheit und die dir innewohnende göttliche Kraft erkennst. Jeder, der zulässt, dass er von niederdrückenden Gedanken kaputt gemacht wird, verschließt sich tatsächlich jeglicher Gnade. Du musst eines verstehen: Gnade umfasst wirklich alles. Es ist nicht nur die Gnade der Gurus, die du zurückweist. Solange du Schwierigkeiten hast, Gnade zu empfangen, kannst du keinerlei Liebe annehmen. Erinnere dich zurück an Zeiten, als Menschen dir zur Hilfe kamen, wenn du krank warst oder vielleicht unfähig warst dich zu bewegen. Du wolltest trotzdem alles selbst machen, es war dir nicht möglich ihr Entgegenkommen und ihre Liebe anzunehmen. Sie wollten dir helfen, weil sie dich lieben. Wieso konntest du diese Liebe nicht erfahren? Selbst wenn du die Liebe von anderen annehmen konntest: hast du sie wirklich tief empfunden?

Es geht hier also nicht nur um die Gnade, der du dich verwehrst. Du kannst auch kaum irgendetwas Wertvolles annehmen. Sofort denkst du, wie wenig du es doch verdienst, wie viele schreckliche Dinge du schon angerichtet hast und was für ein Sünder du doch bist. Du denkst, dass du dem anderen niemals alles zurückzahlen kannst und dass du niemals so gut wie andere Leute sein wirst. Diese selbstzerstörerischen Gedanken machen dich mürbe und folglich befindest du dich in einem dunklen Geisteszustand. Du vergällst dir selbst den süßen Nektar der Gnade. Es ist wahrhaftig süßer Nektar. Obwohl du dich nach Liebe sehnst, bist du weder fähig sie anzunehmen, geschweige denn sie zu erfahren. Unter diesen Umständen ist es kein leichtes Unterfangen, keine geringe Aufgabe, zu deinem inneren Mut zu erwachen und in göttliche Zufriedenheit einzutauchen.

Es gibt jedoch einen sicheren Weg, dies zu erreichen. In der *Katha Upanishad* wird das Geheimnis der Freiheit einem Suchenden enthüllt: Ein Lehrer sagt: „Oh Nachiketa, Gott lebt in allen Körpern, doch Er ist ohne Körper. Er ist die ewige und unveränderliche Wirklichkeit hinter den vergänglichen und den sich verändernden Dingen. Er ist wunderbar und allgegenwärtig. Wenn ein Mensch Ihn in der Meditation erblickt, wird er standhaft, mutig, vernünftig und frei von Leiden.“[8]

Durch die Meditation kannst du deinen Mut erkennen. Dieser Mut entspringt in deinem tiefsten Innern. Es ist keine vergängliche Erfahrung wie zum Beispiel der Sieg in einem Wettrennen oder das Vollbringen einer anderen großartigen Leistung. Mut ist immer bei dir. Selbst in ruhigen Zeiten, wenn nichts Besonderes passiert, kannst du den immensen Vorrat an Mut in dir aufsprudeln lassen. Du kannst dies selbst entdecken. Es geschieht meistens, wenn du dir deiner eigenen inneren Reinheit bewusst wirst, wenn du mit deinem inneren Selbst in Berührung kommst. Das wird dir durch Meditation möglich. Sie lässt dich deine innere Kraft spüren und erlaubt dir, deinen inneren Mut im Alltag zu entfalten.

ALS BABA MUKTANANDA auf seiner dritten Weltreise in den Westen kam um die Siddha Yoga Lehre zu verbreiten, gab er seiner Mission den Namen „Meditationsrevolution". Es war die Gnade von Babas Guru, die ihn auf den Weg der Meditation gewiesen und ihm die Erleuchtung geschenkt hatte. Nachdem Baba sein höchstes Ziel erreicht hatte, lud er jeden ein seinen Fußstapfen zu folgen und zu meditieren und sich mit dem Licht Gottes zu vereinigen. Seine Botschaft war: *Meditiere über dein Selbst. Bete zu deinem Selbst. Verstehe dein Selbst. Gott lebt in dir als du.* Was für eine wunderschöne Lehre, sie leuchtet wie Gold. Solch eine weise Botschaft. Wenn ein großer Meister wie Baba eine Einladung ausspricht, so ist das eine große Ehre. Es ist ein großes Glück, diese Einladung mit einem offenem Herzen empfangen zu können.

Wir reden hier nicht über die Meditation als modischem Trend und ebenso wenig meinen wir das Ausprobieren von ein paar spirituellen Übungen. Wir sind von einem großen Meister, der die Kraft der Meditation in uns erwecken kann, eindringlich eingeladen uns der Meditation zu widmen. Babas Leben und die Liebe, die für immer von ihm ausgeht, bilden die größte Unterstützung für alle, die die Siddha Yoga Meditation ausüben.

DER HEILIGE SUFI HAFIZ beschreibt den spirituellen Weg in seinen Gedichten, die dich tief bewegen und jäh wachrütteln. In einem seiner Gedichte sagt er:

> Du bist eingeladen worden,
> den Freund zu treffen.
> Keiner kann einer göttlichen Einladung widerstehen.
> Da bleiben uns nur noch zwei Möglichkeiten:
> Wir können zu Gott kommen
> im Tanzkleid
> oder
> auf einer Bahre zur Krankenstation Gottes
> getragen werden.[9]

Lasst uns einen Augenblick darüber nachdenken. Sitzt ruhig und atmet tief ein und langsam aus.

Du bist eingeladen den Freund zu treffen. Wie kann auch nur irgend jemand solch eine göttliche Einladung ablehnen? Es bleiben dir nur zwei Möglichkeiten: du kannst entweder im Tanzkleid vor Gott treten oder du kannst auf einer Bahre auf die Krankenstation Gottes getragen werden.

Wann und wie willst du dich auf den Weg zu Gott begeben? Wie willst du dich ihm vorstellen? Atme tief ein und lange aus.

Nun atme wieder in deinem normalen Rhythmus.

Vergiss nicht, dass du eine Dauereinladung zur Meditation hast, wenn du mehr und mehr mit deinem eigenen Glück in Kontakt kommst. Du hast bedingungslose Erlaubnis eine engere Beziehung mit deinem inneren Glück einzugehen. Sei mutig und akzeptiere die Tarsache, dass Gott in dir wohnt. „Erwache zu deinem inneren Mut und sei von göttlicher Zufriedenheit durchdrungen."

8. Februar 1997
Melbourne, Australien

BITTE VERSTEHE, dass Zufriedenheit nichts mit passiv sein oder selbstgefällig sein zu tun hat. Sie ist Lichtjahre davon entfernt. Sie ist von Natur aus pures Glück. Zufriedenheit entsteht aus der Erkenntnis, dass du im Besitz einer heiligen Kraft, der göttlichen *Kundalinī Shakti* bist. „Mach dir diese innere Kraft zu Eigen“, sagte Baba Muktananda, „die *Kundalinī Shakti* gehört dir.“ Diese Überzeugung, lässt dich zu deinem inneren Mut erwachen und deine eigene Zufriedenheit kosten. Wenn du tiefe Zufriedenheit erfährst, dann kann diese heilige Kraft durch dich hindurch scheinen. Plötzlich ändert sich etwas. Dein Selbstwertgefühl ändert sich. Es bewegt sich vom Gefühl der Armut zum Gefühl des Reichtums und der Vollkommenheit. Anstatt auf der Suche nach Liebe überall hinzulaufen und anstatt deine Zeit damit zu vergeuden, dass du andere mit deinem Benehmen belästigst, ruhst du in deiner eigenen Vollkommenheit.

Zufriedenheit kommt, sobald du von dem, was bereits dein Eigen ist, Besitz ergreifst. Ein Gefühl der Ekstase durchströmt dein ganzes Wesen. Dann schafft, wo immer du auch bist, deine Gegenwart eine samtene und kraftvolle Atmosphäre. Es ist, als ob der leuchtende Mond persönlich den Raum betreten würde.

9. FEBRUAR 1997
Melbourne, Australien

KAPITEL 3

TRITT HERVOR

und

SEI DAS LICHT

ZU DEINEM INNEREN MUT ERWACHEN und deine eigene innere Zufriedenheit erfahren gehört zum Schönsten, was du jemals tun kannst. In Australien sagte eine Frau nach dem Programm zu mir: „Mut, das kann ich ja akzeptieren, aber Zufriedenheit, da bin ich mir nicht so sicher. Ich weiß nicht, ob ich soweit gehen und die innere, göttliche Zufriedenheit empfinden möchte. Ich glaube nicht wirklich an ein spirituelles Leben. Ich weiß nicht einmal, ob Gott wirklich existiert, ich bin mir auch nicht sicher, ob ich diese göttliche Zufriedenheit überhaupt erfahren möchte." Dann hielt sie inne und sagte: „Göttliche Zufriedenheit! Ich bin mir ja nicht einmal im Klaren über die normale Zufriedenheit!"

Ich wünschte, sie hätte sich selbst sehen können. Sie hatte eine wunderbare Ausstrahlung von Zufriedenheit. Allein ihre Gegenwart gab mir das Gefühl von Zufriedenheit. Ich bewunderte ihre Verfassung und ihre Schönheit. Sie war nicht geneigt über spirituelle Dinge zu reden und doch lebte sie im Zustand der Zufriedenheit und spürte Zufriedenheit.

Manchmal scheuen sich die Menschen zuzugeben, dass sie Freude empfinden oder andere Tugenden leben. Sie sagen lieber: „Ich weiß nicht, ob ein spirituelles Leben richtig für mich ist. Ich bin mir nicht sicher, ob ich es wirklich annehmen kann."

Aus diesem Grunde sind wir hier: um offen darüber zu reden, um es gründlich zu untersuchen, um uns umzuschauen und zu erkennen, dass es viele Menschen gibt, die mutig genug sind zu sagen, dass sie zufrieden sind, und viele Seelen, die es auszusprechen wagen, dass sie Gott erfahren. Solche Menschen sind eine Inspiration. Sie begeistern dich. Sie sind gewillt zu sagen, dass Zufriedenheit möglich ist, dass Gott möglich ist.

IN EINER POETISCHEN BETRACHTUNG, für Suchende schreibt Baba Muktananda: „Besteige die Brücke Nityananda. Muktananda, vollende auf diesem Wege deine Reise mit Leichtigkeit.“ [1]

Was meint Baba mit „Besteige die Brücke Nityananda?“ Er sagt uns, dass wir uns auf die Eigenschaften seines Gurus Bhagawan Nityananda konzentrieren sollen. Die Hymne *Avadhūta Stotram* gibt uns eine perfekte Beschreibung von Bhagawan Nityanandas Eigenschaften:

> Wunschlos, ohne Erwartungen, makellos, frei und furchtlos – vor diesem Nityananda verneige ich mich. Vollendet im Yoga, eine Verkörperung der Mäßigung, von Liebe erfüllt, von verheißungsvollem Antlitz, allwissend, eine Verkörperung der Gnade – vor diesem Nityananda verneige ich mich.[2]

Erst wenn du gelernt hast, wie du diese großen Tugenden eines Sadgurus, eines wahren Meisters, verinnerlichst, bist du fähig, vollständig zu empfangen, was er dir zu geben hat. Die Brücke Nityananda zu besteigen heißt also nicht, sich auf die Schultern eines solchen großen Wesens zu stellen und nach dem Himmel zu greifen. Es heißt nicht, dass du lediglich auf ihn steigen sollst um ans andere Ufer zu gelangen. Weit davon entfernt. Du befreist dich von dem

Wirrwarr, das dich in seiner Macht hält, indem du über solch ein Wesen wie Nityananda meditierst, dich völlig auf ihn ausrichtest und von ihm lernst. Auf diese Weise stürzt du nicht in die Fallgrube der Angst, die durch deine Begierden entsteht. Diese Art von Brücke führt dich über die Erwartungen, die dir nichts als Enttäuschungen einbringen, hinweg. Sie erhebt dich über die Makel, welche die Güte deines Herzens trüben. Sie bereitet der Abhängigkeit, die dein Selbstwertgefühl zerstört, ein Ende. Sie vernichtet die Furcht, die dich in den Abgrund stürzt. Diese Brücke ist wahrhaftig aller Wunder mächtig. Wenn du dich an der Gnade eines solchen Meisters festhältst, findest du dein eigenes göttliches Selbst. Wenn du mit seiner Energie in Berührung kommst, findest du dich wirklich in deinem Herzen wieder.

Wenn du in der Begleitung eines Sadgurus, eines großen Wesens wie Bhagawan Nityananda bist, wirst du, anstatt dich mit dem Strudel von Begierden, mit dem lodernden Feuer der Erwartungen, mit einer Unzahl von Makeln, mit dem Treibsand der Abhängigkeit und dem Wirbelsturm der Ängste herum quälen zu müssen, von einem wohlwollenden Licht geleitet und unterstützt. Du trinkst von der Weisheit der Siddhas und nicht vom Gift der negativen Energie anderer. Du orientierst dich an diesem Licht und näherst dich ihm mehr und mehr, bis du schließlich eins wirst mit diesem Licht. Auf diesem Weg lähmen dich weder Hindernisse noch Einschränkungen. Das Licht Gottes befreit dich. Diese Freiheit gibt ein viel besseres Gefühl, als wenn du dich an einer Masse von vergiftenden Eigenschaften festbeißt. Wenn du über die verheißungsvolle Ausstrahlung eines solchen Wesens meditierst, erkennst du deine eigene Verheißung in dir.

Warum gehen viele Menschen so gerne zu Bhagawan Nityanandas Tempel und betrachten sein verheißungsvolles Antlitz? Wenn wir ihn erblicken, nehmen wir das glorreiche Gesicht nicht nur an ihm war, sondern sehen es gleichsam in unserem Herzen. Wir fühlen warmen, flüssigen Honig durch unser Wesen fließen. Wir kommen wegen dem zu ihm, was er uns in unserem Innern fühlen lässt. Immer wieder kommen wir für sein *Darshan,* wegen seiner glückverheißenden Erscheinung, seinem Gesicht, seinen Händen und Füßen, seinem ganzen Wesen. Alles an ihm ist verheißungsvoll. Du spürst *Mangala,* die Verheißung, in dir selbst. Du fühlst deine eigene Großartigkeit. Was auch immer du dann siehst, es ist ein gutes Omen, ein gesegnetes Omen. Du selbst wirst zu einem guten Omen. Wenn dich die Menschen sehen, wollen sie zu dir kommen und mit dir sprechen. Wenn andere in deiner Gegenwart sind, wissen sie, dass etwas Großartiges geschehen wird. Das höchste Licht wird durch dich in seiner Reinheit widergespiegelt und erfüllt die Welt um dich herum.

Wenn du Bhagawan Nityanandas Gesicht betrachtest, nimmst du das Licht mit dir. Dann ist es dir möglich, Baba Muktanandas kraftvolle Botschaft zu leben: „Seht Gott ineinander.“ Dann kannst du erkennen, dass Gott in jedem Menschen wohnt und dass Gott der Freund aller ist. Gott gehört allen.

TUKADYADAS WAR EIN GROSSER HEILIGER. Er gehörte zu Baba Muktanandas Siddha-Freunden. In einem seiner Lieder sagt er:

> O Gott, Du existierst in jedem Land,
> in jeder Form und Gestalt.
> Deine Namen sind unzählig, doch bist du im Wesen eins.
> Diese Welt ist eine Bühne für Dein göttliches Spiel.
> Du durchdringst jegliches Handeln und Gefühl
> auf dieser himmlischen Bühne.

Wenn du dich darin übst, Gott in deinem eigenem Herzen und in jedem anderen zu sehen, werden diese Worte von Tukadyadas für dich wahr. Du lässt Gott durch dich hindurch scheinen. Du wirst wahrhaftig ein Freund Gottes. Du hast es nicht nötig in die Welt zu rufen: „Ich bin ein Freund Gottes." Man braucht dich nur zu sehen um zu wissen, dass es so ist. Du verkörperst dann die immense Kraft der Herrlichkeit Gottes.

Baba Muktananda hat einmal gesagt: „Die Siddha Yoga Meditations-Revolution beruht auf hohen Prinzipien. Das höchste Prinzip ist das Selbst, es ist Licht, es ist Liebe, und es ist Friede. Durch das Selbst empfinden wir diese Liebe zu jedem Menschen."[3]

Wenn du diese große Lehre annimmst und dich darin übst, dann empfindest du höchste Liebe zu allen Kreaturen Gottes. Du zeigst dein tiefes Verlangen Gott zu erkennen und gleichzeitig respektierst du das Licht Gottes in allen fühlenden Lebewesen und in allen Gegenständen. Das ist die erhabene Suche.

„Das höchste Prinzip ist das Selbst“, sagt Baba, „es ist Licht, es ist Liebe und es ist Friede.“ Wenn du allein nur an diese Worte Babas denkst und sie im Alltag umsetzt, gibt dir das schon alles, wonach du suchst.

Denke jedes Mal, wenn du Schwierigkeiten mit jemandem hast, an das, was Baba über das höchste Prinzip sagt: Es ist Licht, es ist Liebe und es ist Friede. Erlaube es deiner eigenen, reinen Weisheit in solchen Augenblicken, durch dich hindurch zu scheinen. Tritt, anstatt darauf zu warten, dass dich der andere mit Licht überflutet, hervor und sei das Licht. Tritt, anstatt darauf zu warten, dass der andere dir Liebe zeigt, hervor und sei die Verkörperung der Liebe. Tritt, anstatt darauf zu warten, dass der andere mit dem Ärger zurecht kommt, hervor und sei der Friedensbote, das höchste Prinzip. Vergiss nicht, Bade Baba ist ein Meister mit verheißungsvoller Ausstrahlung, er ist ein herrliches Wesen. Erlaube es deiner Verheißung deine Welt zu durchdringen. Auf diesem Wege erwachst du zu deinem eigenen inneren Mut und bist von göttlicher Zufriedenheit durchdrungen.

Mutig sein heißt nicht, ein glänzendes Schwert zu schwingen und jedem das Wort zu verbieten. Göttliche Zufriedenheit bedeutet nicht sich ins Gras zu legen und die anderen die Arbeit verrichten zu lassen. Es erfordert Mut das innere Licht zu sehen.

In der *Bhagavad Gītā* fleht Arjuna Krishna, den Herrn, an, ihm doch seine göttliche, wahre Gestalt zu enthüllen. Krishna, der Herr, warnt ihn davor, dass er noch nicht soweit sei. Aber Arjuna will nicht hören, er will es jetzt. Der Herr lässt es geschehen. Im gleichen Moment erscheinen

Millionen von Sonnen. Das Licht ist unglaublich hell und Arjuna ist in großer Furcht, er kann die Intensität dieser Herrlichkeit nicht ertragen. Es gehört Mut dazu, das göttliche Licht zu erfahren.

Göttliche Zufriedenheit empfinden heißt nicht, den Kopf ins Kissen sinken zu lassen, und zu denken: „Heute bin ich zufrieden." Es heißt nicht ein Eis zu schlecken und sich zu sagen: „Jetzt erfahre ich wahre Zufriedenheit in meinem Körper." Nein, es geht um etwas ganz anderes. Wenn du diese tiefe Zufriedenheit erfährst, existierst du nicht einmal mehr um darüber sprechen zu können. Deshalb ist es schwierig die Tugenden, die Eigenschaften Gottes, in Worte zu fassen. Wenn du sie erfährst, schmilzt du dahin. Licht vereint sich mit Licht. Liebe vereint sich mit Liebe. Friede vereint sich mit Friede.

ERWACHE ZU DEINEM INNEREN MUT und spüre die Leichtigkeit deines Herzens. Das ist dir erst möglich, wenn du die Worte Tukadyadas verinnerlicht hast:

> O Herr, du bist derjenige, der sich aus den Meeren erhebt,
> und die Wolken macht.
> Du bist die Wolken, die sich entladen,
> und der Regen, der herunter fällt.
> Dann fließt du als Bach und als mächtiger Strom.
> In all diesen Ausprägungen, Oh Herr, bist nur Du.
> Du alleine existierst.
> Oh Herr, Du bist in jedem Land, in jedem Gewand.
> Du bist in jeder Sprache.
> Du erfreust dich an jedem Herzen.
> O Herr, Du existierst in jedem Land,

in jeder Form und Gestalt.
Deine Namen sind unzählig, aber Du bist im Wesen eins.
Du verkörperst dich als winzige Ameise,
und Du bist der, der das ganze Universum als Teilchen
und Atome durchdringt.
Du bist jede Art von Leben.
An manchen Orten bist Du die großen Berge.
An anderen Orten erscheinst Du als riesige Bäume.
Alle Schönheit, die in diesem Universum zu sehen ist,
ist ein Widerschein von Dir, Oh Herr.
Du und diese Schönheit sind wahrhaftig eins.

Das ist wahrlich die höchste Form von Erkenntnis, die man erlangen kann. Du musst auch das große Glück haben die Welt mit solch klaren Augen sehen zu können. Du brauchst starke und klare Augen um Gott als Gott erblicken zu können. Dazu benötigst du die Gnade eines Sadgurus.

Wie Tukadyadas sagt:

Oh Herr, Du existierst in jedem Land,
in jeder Form und Gestalt.
Deine Namen sind unzählig, aber Du bist im Wesen eins.

Mein Sadguru hat mir diese göttliche Vision ermöglicht
durch seine Gnade.
Ich bin fähig den Namen Gottes zu singen,
Tag ein und Tag aus.
Tukadyadas sagt:
Da ich Seinen Namen in meinem Herzen trage,
hebt jeder Unterschied von dein und mein und
jede Empfindung von Dualität sich im Einen auf.
Mein Sadguru hat mir die göttliche Sicht geschenkt.

UM DIESE ERHABENE WAHRHEIT erkennen und leben, und um deine Erlebnisse verarbeiten zu können, ist es erforderlich, die heiligen Schriften zu studieren und sie gründlichst zu verstehen. Mit dem Wissen dieser Schriften lernst du verstehen, was du empfangen hast. Deine Zunge wird sich weigern, schlecht über das Universum Gottes zu reden. Deine Ohren wollen schreckliche Dinge nicht hören. Die Göttin Saraswati wird auf deiner Zunge musizieren. Sie ist wunderschön. Sie wird tanzen, sie wird auf ihrer *Vīnā* spielen. Dein Herz wird mit dem Wissen um die alldurchdringende Wahrheit erfüllt sein. Du wirst fähig sein in jedem Gesicht das Licht Gottes zu erkennen. In jeder Schwierigkeit wirst du die blaue Perle schimmern sehen. Deine Wahrnehmungsweise wird sich völlig verändern. So wie du die Schriften studierst, kannst du die große Shakti immer genauer erfahren. Du lernst sie auf eine andere Art zu verstehen.

Menschen, welche die Schriften wirklich kennen und erfahren, gewinnen ihr Verständnis nicht nur aus Büchern, sondern aus ihrem Herzen. Das Herz ist die größte Bibliothek. Es beherbergt all die wunderbaren Erfahrungen, die du während deiner Sadhana gemacht hast. Die Gelehrten, die spirituelle Übungen machen, begnügen sich nicht nur damit die Themen zu untersuchen, sie dringen in der Tat tief in den Inhalt der Lehren ein. Sie müssen nicht ihre Übungen beiseite lassen, um sachlich über ihren Weg sprechen zu können. Sie können gleichzeitig üben, lernen und lehren. Sie haben für alles einen erweiterten Horizont, sodass sie, selbst wenn sie etwas Negatives hören, es von einem anderen Standpunkt aus betrachten können. Wenn du die Schriften studierst, ändert sich deine Sichtweise.

Einige Menschen folgen dem spirituellen Pfad schon seit längerer Zeit, doch irgendwie hat ihre Zunge, obwohl sie Shaktipat empfangen haben, noch immer die gleiche Farbe, sie hat noch immer einen giftigen Belag. Obwohl ihr Herz durch Gnade an der Einweihung teilhatte und dadurch verwandelt worden ist, lassen ihre Zungen dies nicht erkennen. Ihre Zungen verspritzen immer noch hochgradiges Gift. Ihre Augen haben immer noch den grauen Star. Aus diesem Grund können sie immer noch nicht sehen, wie die Liebe Gottes das ganze Universum durchdringt.

Die Menschen, welche die Schriften studieren und erfahren, können anderen helfen diese Lehren zu verstehen. Sie können die Schriften in solch einer Weise lehren, dass du verstehen kannst um was es sich bei deinen eigenen Erfahrungen handelt. Jeder, der Shaktipat empfangen hat und die spirituellen Übungen macht, hat früher oder später tiefe klassische Erfahrungen. Aber wenn du den spirituellen Gehalt nicht kennst, kannst du den Wert dieser Erfahrungen nicht wirklich verstehen. Viele, viele von euch tragen Schätze, Juwelen der Weisheit mit sich. Aber weil du nicht weißt, wie die Schriften diese Dinge erklären und beschreiben, denkst du: „Oh, ich habe bloß diese Kleinigkeit empfangen. Ich habe nicht genug bekommen." Du bist nicht zufrieden. Wenn du erst einmal die Schriften studiert und gesehen hast, was du tatsächlich besitzt, kann das Erwachen zu deinem inneren Mut erfolgreich sein. Du wirst tiefe Zufriedenheit empfinden.

Wenn du die heiligen Schriften studierst, dann halte dich nicht zu lange damit auf, ob du alles gleich voll und ganz verstehst. Lese sie einfach. Allein das Lesen tut dir schon viel Gutes. Sowie du etwas verstanden hast, schreibe es auf. Wenn du etwas liest, das du schon kennst, überfliege es nicht und sage dir nicht: „Ach, das kenne ich schon." Versuche es von einem anderen Blickwinkel aus zu begreifen.

Wenn du die Schriften verinnerlichst, wird der giftige Belag deiner Zunge gereinigt, der graue Star in deinen Augen beseitigt, dein Ohrenschmalz fließt weg, deine Nasenlöcher werden gereinigt und dein Hals frei von Schleim. Dann kann das Licht deines Herzens durch dich hindurch scheinen. Dann erkennst du den wahren Wert von Shaktipat und die Gnade, die du vom Guru empfängst. Du erkennst, was es heißt einen lebenden Meister in deinem Leben zu haben, und auch, was es heißt in der Gnade der Siddhas, die dich zu jeder Zeit beschützen, zu leben. Dann wirst du die Worte Tukadyadas noch besser verstehen:

> Oh Herr, Du existierst in jedem Land, in jedem Gewand.
> Diese Welt ist die göttliche Bühne
> für Dein Spiel des Bewusstseins.

HALTE NUN EINEN AUGENBLICK INNE und rufe dir wieder ins Gedächtnis, was Baba Muktananda gesagt hat: „Das höchste Prinzip ist Licht, es ist Liebe, und es ist Friede." Betrachte deine eigene reine Weisheit, sie scheint durch dich hindurch. Tritt, anstatt darauf zu warten, bis ein anderer dich mit Licht erfüllt, hervor und sei das Licht. Tritt, anstatt darauf zu warten, bis ein anderer dir mit Liebe begegnet, hervor als die Verkörperung der Liebe. Tritt, anstatt darauf zu warten, bis der andere mit dem Ärger zurecht kommt, hervor und sei der Friedensbote.

Erlaube es deiner eigenen Verheißung in die Welt, in der du lebst, zu fließen. Meditiere über die Verheißung, die sich in dir und um dich herum verbreitet. Erlaube es dem Licht der Verheißung, alle Schichten deines Körpers zu durchdringen. Erlaube es dem Licht, deine Rede zu durchdringen. Erlaube es der Verheißung in deinem Herzen aufzuwallen und dein ganzes Wesen mit Liebe zu erfüllen. Erlaube es dieser Liebe, sich um das Tausendfache zu vervielfachen, sodass du ein Botschafter des Friedens wirst.

Versuche, ob du ein größeres Maß an Güte, Schönheit und Verheißung aus dir hervorkommen lassen kannst, wenn du dich deinen täglichen Aufgaben widmest. Lerne, Dankbarkeit zu spüren für alles, das dir gegeben ist, sodass alles, was du in so vielerlei Form empfängst, weiterhin wächst. Auf diese Weise wird es dir möglich, mehr und mehr zu empfangen. Lass deine Dankbarkeit wachsen, sodass du mit dem Gefäß des Nektars in dir in Verbindung bleibst. Dieses Gefäß mit Nektar soll stark und glänzend bleiben. Verstehe, dass alles, was du empfängst, ein Geschenk ist, und dass du dich sehr glücklich schätzen kannst. Sogar dass du deinen Fuß auf den spirituellen Weg setzen, den Tempel betreten und das verheißungsvolle Antlitz eines großen Wesens betrachten kannst, geschieht nur, weil dir das Glück beschieden ist und dank der großartigen Herzen, die diesem spirituellen Weg unzählige Dienste erweisen.

2. AUGUST 1997
Shri Muktananda Ashram
South Fallsburg, New York

DEIN INNERES NACH AUSSEN ZU KEHREN, DARIN LIEGT DEINE STÄRKE

ES GIBT ETWAS, das ich sehr deutlich machen möchte: Die Erfahrung göttlicher Liebe macht dich ungemein stark. Die Erfahrung der Wahrheit, des höchsten Bewusstseins, lässt dich nicht schwach werden. Sie schwächt dich nicht. Manchmal denken Leute, dass du immer ein liebes Lächeln tragen und Ja zu allem sagen solltest, wenn du mit Gottes Liebe erfüllt bist, und du nie jemandem widersprechen solltest. Baba sagte oft, dass viele Menschen lieber einen rückratlosen Guru hätten. Doch Schwäche hat er uns ganz bestimmt nicht gelehrt und sie auch nicht gelebt.

Es verleiht große Kraft, wenn man Liebe erfährt. Das Erfahren der Göttlichkeit ist sehr kraftvoll. Das bedeutet nicht, dass du dich in einer besonderen Weise verhalten sollst. Du lässt deine Kraft und deinen Mut auf natürliche Weise zum Vorschein kommen. Wenn es Zeit ist Nein zu sagen, wirst du mit Mut und Würde Nein sagen. Wenn es Zeit ist Ja zu sagen, wirst du mit demselben Mut und derselben Würde Ja sagen.

Bitte verstehe, dass deine Stärke darin besteht dein Inneres nach außen zu tragen. Das soll nicht heißen, dass du so verwundbar wirst, dass du es in dieser Welt nicht mehr aushalten kannst. Wenn du dein Inneres auch außen zeigst, strahlt deine Kraft in der Atmosphäre.

29. AUGUST 1997
Shri Muktananda Ashram
South Fallsburg, New York

KAPITEL 4

HABE DEN MUT *deinen eigenen* WERT *zu* ERKENNEN

GESTERN ABEND ERHIELT ICH von jemandem eine sehr liebe Nachricht. Ich wurde gebeten, aus dem Fenster zu schauen. Ich schaute hinaus und sah einen wunderschönen Regenbogen. Noch nie zuvor hatte ich die Farbe Lavendel so deutlich gesehen. Sie war kristallklar. Der Regenbogen war auch unglaublich gross und hob sich vor den dunklen Krishna-Wolken auf die wundervollste Weise ab. Es fühlte sich an wie ein Geschenk.

Nach der indischen Überlieferung wurde in diesem Monat und an diesem Tag um Mitternacht Krishna geboren und die Legende besagt, dass er immer und immer wieder geboren wird. In der *Bhagavad Gītā* verspricht Krishna, der Herr: „Ich werde wieder und wieder auf dieser Welt geboren.“[1] Er sagt: „Wann immer der richtige Pfad verfehlt wird und wann immer die Heiligen verfolgt werden, werde ich wiederkommen um der Welt den Weg zu weisen.“[2] Es ist allerdings meine Erfahrung, dass der Herr zu uns kommt, auch wenn wir nicht vom Weg abgekommen sind. Wenn dein Herz voll und ganz den Weg geht, ist das die Geburtsstunde des Herrn. Wann immer du das innere Licht erblickst, ist der Herr gegenwärtig. Auf diese Weise wird Gott in unserem Wesen immer wieder geboren. Deshalb ist jeder Augenblick neu und jeder Augenblick ist voller Energie.

ES IST WUNDERBAR, dass so viele von euch den Mut gefasst haben und sich bemühen, ihren eigenen Wert zu erkennen.

Das ist solch ein heikles Thema, der wahre menschliche Wert. Wie sehr du auch geliebt werden willst, du zweifelst daran, ob du es wirklich wert bist. Wie sehr es dich nach Wissen dürstet, du fragst dich: „Bin ich wirklich würdig für das Wissen?" Wie sehr du dich auch nach großartigen Freunden sehnst, so sorgst du dich doch darum, was geschehen wird, wenn sie dich erst einmal richtig kennen lernen. Du zweifelst ständig an deinem eigenen Wert. Bei diesem Zweifel geht es nicht so sehr um Fragen wie: „Wird mich diese Person lieben? Wird sie mich Wissen lehren? Wird sie meine wahre Freundin sein?" Solche Zweifel lassen sich früher oder später beseitigen. Es geht hier um den Zweifel, von dem jeder Mensch geplagt wird, um den Zweifel am eigenen inneren Wert. Er nagt an jedem, nicht nur ab und zu, sondern fast die ganze Zeit. Deshalb sage ich, dass ihr mutig seid, wenn ihr euch auf den Weg macht um euren eigenen Wert zu finden. Man kann nie sicher sein, was dabei alles zum Vorschein kommt.

Du hast dich auf ein großes Unternehmen eingelassen. Über das Endergebnis brauchst du dir keine Gedanken zu machen. Wenn du nur an das Resultat denkst, brichst du womöglich auf halber Strecke zusammen. Wenn du den Mut aufbringen kannst weiter zu gehen und die Ausdauer hast durchzuhalten, hast du den größten Erfolg. Schaue also nicht auf das Endresultat, sonst erkennst du niemals deinen wahren Wert. Du musst weitergehen, wo auch immer du gerade stehst. Du brauchst dir nicht zu überlegen, ob du am Anfang, in der Mitte oder kurz vor dem Ziel stehst. Wo auch immer du dich befindest, dort ist der ideale Platz für dich. Ob du dich wohl oder unwohl fühlst, glücklich oder traurig bist, es spielt absolut keine Rolle. Dein ganzes Bestreben ist, tiefer und höher zu deinem eigenen Selbst vorzudringen. All die scharfen Kanten, denen du eventuell begegnest, werden dich nicht aufhalten. Wenn du nicht aufgibst, sind sie dir sogar dabei behilflich weiterzugehen und tiefer in das Meer der Erkenntnis, das Meer der Liebe einzutauchen. Das ist genau das, was wir auf unserem Wege tun. Wir stürzen uns ins Meer des großen Selbst, wir tauchen in das Meer der Liebe ein. Auf welche Weise tun wir das? Wir meditieren.

MEDITATION IST EIN GEHEIMNISVOLLER VORGANG. Obwohl in der heutigen modernen Zeit Meditation manchmal dazu genutzt wird, um den Blutdruck zu senken und die Ängste eines Menschen zu verringern oder um die allgemeine Gesundheit zu fördern, ist sie immer noch ein mystischer Vorgang. Meditation ist mystische Alchemie. Was bei der Meditation geschieht, kann von den Sinnesorganen nicht erfasst werden. Die Nebenerscheinungen mögen wohl gesenkter Blutdruck, gelinderter Schmerz und weniger Angst sein. Aber dies sind nur Begleiterscheinungen. Was tatsächlich geschieht, ist pures Gold. Es hat den Glanz von Tausenden von Diamanten. Meditation bringt völlige Ruhe. Wenn du erst einmal dieses Geschenk der Meditation empfängst, wirst du sie für nichts in der Welt wieder eintauschen wollen. Sie wird tatsächlich zu deinem Kompass, zu deinem Wegweiser. Du weißt immer, wo du vollendete Ruhe finden kannst.

Dies ist Gott. Dies ist die höchste Form der Liebe. Dies ist das höchste Wissen.

Viele unter euch mögen daran zweifeln, ob sie auch wirklich meditieren. Diese Art von Zweifel ist hilfreich. Sie spornt dich an mehr über dein Selbst zu erfahren. Du hast den Wunsch tiefer in die Meditation zu gleiten. Bedenke, wie groß dein Ego sein würde, wenn es dir möglich wäre, in null Komma nichts in die Meditation zu gelangen. Manche Leute behaupten, sie könnten ohne weiteres in die Meditation gelangen! Aber wenn du ihre Gesichter siehst, möchtest du davonlaufen. Dann gibt es wieder andere, die sagen: „Egal, wie sehr ich mich anstrenge, ich kann einfach nicht in die Meditation gleiten. Ich glaube nicht, dass ich wirklich meditiere." Mit diesen Menschen fühlt man sich verbunden, weil sie mit sich selbst in Berührung sind. Sie meditieren in der Tat. Jedoch wollen sie nicht stehen bleiben, wo sie gerade sind, sie wollen tiefer vordringen. Sie sind die wahren Forscher auf dem spirituellen Weg. Ihr Verlangen ist so stark, sie wollen mehr und mehr meditieren. Sie geben sich nicht einfach damit zufrieden, nur einmal in die Meditation zu gelangen, sie wollen sie weiter erforschen. Sie wollen immer in diesem Zustand sein. Aus diesem Grunde ist der Zweifel daran, ob du wirklich meditierst oder nicht, ein guter Zweifel, ein gesunder Zweifel.

Einerseits bemühst du dich weiter, andererseits lässt es die Gnade geschehen. Die Gnade und dein Bemühen kommen zusammen und du hältst einen wunderbaren Vorgang am Laufen. Denk' immer daran: Die Gnade will dich immer begleiten. Es liegt an dir, wie du der Gnade begegnest.

Jeder von uns hat eine andere Persönlichkeit. Manche Menschen sind überschwänglich. Sie machen ein großes Aufheben um zu zeigen, dass sie diese oder jene Person kennen, dass sie den Guru kennen. Sie drücken alles sehr dramatisch aus. Dann gibt es andere Charaktere, die eher ruhig und nach innen gekehrt sind und sich um ihre eigenen Angelegenheiten kümmern. Ein anderer Typus ist oft verärgert und fragt: „Warum ist das so? Wieso bekomme ich nicht mehr Aufmerksamkeit von anderen Leuten?" Wieder andere Leute sind sanft und poetisch: „Oh, schau die Blume blüht! Sie riecht so gut!" Und so weiter, von einer Persönlichkeit zur anderen.

Genauso gibt es viele Ansätze zur Meditation und viele Arten, wie die Meditation sich dir nähert. Die eine Meditation ist tief und still, die andere Meditation ist laut und voller körperlicher Bewegung. Eine andere ist voller Weisheit und voller Offenbarung und Einsicht. Es ist fast, als würde sich vor deinen Augen das kosmische Buch öffnen. Du hast auf alles eine Antwort, du bist von dem, was du in deiner Meditation hörst und siehst, unendlich fasziniert. Manche Menschen hören göttliche Klänge in der Meditation und sind völlig bezaubert von dem, was sie hören. Was auch immer in deiner Meditation geschieht, es ist genau das, was geschehen soll.

Manchmal fühlen sich die Menschen völlig empfindungslos, wie betäubt. Ich erinnere mich an eine Zeit, in der ich in der Meditation immer einen gefühllosen Zustand erlebte, der auch bei den täglichen Verrichtungen anhielt. Einmal fragte ich Baba, ob ich aufhören sollte zu meditieren, da ich jedes Mal wie betäubt war. Ich hatte keine Gefühle, keine Gedanken und keinerlei Wünsche. Ich wollte nicht einmal leben. Da war kein Wunsch, irgendetwas zu tun oder irgendetwas zu sein. Aber Baba sagte: „Nein, das ist ein sehr guter Zustand. Das passiert auf einer bestimmten Stufe der Meditation. Akzeptiere das." Und als ich diesen Zustand akzeptiert hatte, konnte ich ihn auch genießen.

Es treten also verschiedene Stufen bei der Meditation auf. Manchmal kann es sein, dass du bei der Meditation ein lautes Mahlen wie *„Knirsch! Knirsch! Knirsch!"* in deinem Kopf hörst. Und du bist so enttäuscht. Du denkst: „Wann hört dieses Geräusch endlich auf? Es zermalmt mir diesen Gedanken! Es zermalmt mir jenen Gedanken! Ich kann nichts verarbeiten, da ist nur dieses *„Knirsch! Knirsch! Knirsch!"*" Manchmal fühlt es sich so an, als würden Bäume in deinem Kopf zersägt. Du glaubst, du wirst verrückt. Du überlegst dir vielleicht sogar, Tabletten dagegen einzunehmen

In solchen Zeiten ist es am besten, das Mantra *Om Namah Shivāya,* das „ich verehre den Herrn, der in meinem Herzen wohnt" bedeutet, zu wiederholen. Einfach *Om Namah Shivāya.* Wirklich, das hilft! *Om Namah Shivāya* versetzt dich in einen unglaublichen Zustand. Auch wenn es nur für einige Minuten ist, du bist dann auf einer völlig anderen Ebene! Wenn also diese Art von lautem Mahlen bei deiner Meditation auftritt, wiederhole in Gedanken das Mantra: *„Om Namah Shivāya, Om Namah Shivāya."* Auf eine Art ist es gut, dieses laute Mahlen zu erfahren, weil es deinen Geist so erschöpft, dass er schließlich einlenkt und sagt: „Ach, bitte! Ich nehme *Om Namah Shivāya* an."

Alles was während der Meditation geschieht, wird zu einer großen Lehre für dich. Es löst eine unglaubliche Alchemie in deinem Innern aus. Du wirst nicht immer alles intellektuell erfassen können und das ist in Ordnung. Erlaube dir einfach dich in die Meditation fallen zu lassen.

Die Gnade ist immer auf der Suche nach dir, sie will immer bei dir sein. Egal, wie oft du denkst, dass du sie nicht verdienst, die Gnade hält dich immer für würdig. Segen ist im Übermaß vorhanden. Erlaube dir einfach in die Meditation zu gleiten. Egal, wie viele Hindernisse da zu sein scheinen, lass dich nicht beunruhigen, mach dir über gar nichts Sorgen.

Um zu meditieren, musst du über alle Stufen der Unbequemlichkeit, der Angst und der Panik hinausgehen. Du wendest dich so gut du kannst an deinen inneren Mut und erlaubst dir dich zu entspannen, in deiner eigenen Shakti zur Ruhe zu kommen und zu vertrauen. In deinem Innern existiert eine mystische Welt. Sie wird sich dir enthüllen, wenn du einfach auf ganz natürliche Weise dorthin gehst. Wenn du dich zu sehr darum bemühst, diese Tür zur mystischen Welt zu öffnen, wird dir nichts als deine eigene Mühe bleiben. Wenn du dich äußerst sanft und sehr gelassen von deinem Atem in die Meditation tragen lässt, dann gelangst du wirklich zu Höhen.

GANZ EGAL, WIEVIEL LIEBE du bereits empfängst, da ist immer noch mehr auf dem Weg zu dir. Ganz egal, wie intensiv du bereits deinen eigenen Wert empfindest, dein

Selbstwertgefühl kann sich immer noch steigern. Das ist das Geheimnis der Liebe, das Geheimnis vom Wert eines Menschen. In der Welt Gottes existiert alles in Fülle.

Baba Muktanandas große Lehre ist: „Meditiere über dein eigenes Selbst, bete zu deinem eigenen Selbst, verstehe dein eigenes Selbst, verbeuge dich vor deinem eigenen Selbst, verehre dein eigenes Selbst. Gott wohnt in dir als du." Wenn du dies erfährst, erkennst du deinen eigenen inneren Wert.

Das menschliche Herz ist ein gesegnetes Geschenk Gottes. Es ist heilig. Es beherbergt das göttliche Licht. Der ganze Körper ist ein gesegnetes Geschenk Gottes. In eben diesem Körper sind unendlich viele mystische Erfahrungen, grenzenloses Mitgefühl, beständiges Wohlwollen, unglaubliche Geduld, zärtliche Fürsorge, wahre Güte, reine Unschuld und liebevolle Stärke enthalten. Sobald du mehr und mehr das göttliche Licht in deinem Herzen erfährst, wirst du es auch in der äußeren Welt, in einer Person, in einem Gegenstand, in einem Moment und in einem Ort, erkennen.

Jedes Mal wenn du deinen eigenen Wert akzeptierst, erbaust du ein Paradies, nicht nur dort, wo du dich gerade befindest, sondern auch an anderen Orten auf der Welt. Mit jedem Moment, in dem du deine eigene Liebe erfährst, hilfst du Tausenden von Menschen.

Erlaube dir, Gott in dir zu verehren. Erlaube es dir, deinen eigenen wahren Wert zu erkennen. Möge dein Verständnis von allem, was sich in deinem Leben entfaltet, wachsen. Es ist ein so gesegnetes Geschenk Gottes zu erkennen, dass du der Liebe würdig bist: Du bist würdig Liebe zu geben und du bist würdig geliebt zu werden.

Ich danke euch dafür, dass ihr die Lehre, die ihr verinnerlicht habt, überall mit hinnehmt, dass ihr sie hinaus bringt in die übrige Welt. Eure Liebe wird die Welt nähren. Vielen herzlichen Dank. Ich liebe euch.

23. August 1997
Shri Muktananda Ashram,
South Fallsburg, New York.

WAHRER MUT ist mit Demut verwoben. Die Demut besitzt ebenso wie der Mut eine große Kraft. Demütig zu sein heißt nicht etwa, schwach oder untertänig zu sein. Wahre Demut erwächst ganz natürlich aus der Erkenntnis des großen Lichts, der göttlichen Kraft, die nicht nur in dir, sondern in allen Menschen gleichermaßen existiert. Demütige Menschen mögen einen sanften Eindruck machen, sie sind in Wirklichkeit aber sehr stark. Ebenso mögen mutige Leute forsch und selbstsüchtig erscheinen, aber in Wirklichkeit ist ihr Herz mit großer Demut erfüllt, weil sie wissen, dass ihr Mut von einer göttlichen Kraft herrührt. Demut und Mut sind miteinander verwoben.

Egal, was das Leben dir präsentiert, einen guten Ratschlag, einen Studentenkredit, Essen, die Fülle der Natur oder eine sanfte Zurechtweisung, empfange es mit einem demütigem Herzen. Was auch immer deines Weges kommt, zusätzliche Verantwortung, ein herzlich gemeintes Kompliment, eine Beförderung, ein unverhoffter Gewinn, unerwartetes Leid, unangenehme Nachbarn oder Menschen, die dir das Leben schwer machen, Demut ist immer die edelste Art zu reagieren. Sie bringt dich auch am weitesten.

Wenn du demütig bist, häufen sich diese Situationen ganz von selbst oder sie werden seltener, je nachdem, was in jedem gegebenen Augenblick zu geschehen hat. Die guten Dinge werden andauern und das Unglück wird schwinden. Mit Demut wirst du fähig das Glück zu nutzen und frei von Leid zu werden. Trete deshalb in die Fußstapfen der Mutigen. Folge dem Pfad des Mutes.

9. FEBRUAR 1997
Melbourne, Australien

KAPITEL 5

DIE IMMERWÄHRENDE GEGENWART GOTTES

UNSER ZUSAMMENTREFFEN HIER in der kalifornischen Wüste ist sehr verheißungsvoll. Ich liebe die Wüste. Sie beherbergt große magische Kräfte. Sie hüllt dich in ihre karge und geheimnisvolle Atmosphäre wie in eine Decke ein und bereitet dich auf den Eintritt in eine mystische Welt vor. Heute ist der verheißungsvolle Tag des Vollmondes, des Mondes, der seine wohlwollenden Strahlen so leuchtend über den klaren Wüstenhimmel verbreitet. Ich habe mir sagen lassen, dass dieser besondere Vollmond, von den Hopi Indianern „Falkenmond" genannt wird. Sie sagen auch, dass dieser besondere Mond der Mond der Eingeweihten sei, perfekt für Shaktipat.

Die Botschaft, die wir nun schon seit einiger Zeit erforschen heißt: *Erwache zum Mut in dir und sei von göttlicher Zufriedenheit durchdrungen.* Eine der überlieferten Hymnen des *Atharva Veda* lautet wie folgt:

Mögen wir ohne Angst
vor Freund und Feind sein.
Mögen wir ohne Angst
vor dem Bekannten und Unbekannten sein.
Mögen wir Tag und Nacht
ohne Angst sein.
Lass die ganze Welt mir Freund sein.[1]

Welch ein liebliches und mutiges Gebet! Es klingt nach der Kraft des Mutes, der Kraft, welche die vielen Gesichter der Angst überwindet. Es ist so wichtig für den Suchenden sich von der Angst zu befreien. Erst wenn die letzte Maske der Angst verschwunden ist, bist du tatsächlich frei. Angst hält dich gefangen, Mut lässt dich deine eigene Freiheit erfahren. Die Angst hält dich von der höchsten Liebe fern. Die Angst hindert dich daran in der Natur aufzugehen. Die Angst hält dich davor zurück an der Schönheit Gottes teilzuhaben. Die Angst hindert dich daran die Religion eines anderen Menschen zu respektieren. Sie hält dich davon ab, die Liebe, die eine andere Person zu Gott hat, zu akzeptieren. Die Angst hält dich davon ab den Glauben anderer zu segnen. Die Angst hält dich davon ab deine Gemeinde zu lieben. Die Angst hält dich davon ab die Liebe in deinem eigenen Herzen zu lieben.

Dieses Gebet aus dem *Atharva Veda* bittet Gott, die Angst zu verbannen und das innere Licht zu entflammen. Es appelliert an den Mut in das innere Licht einzutreten. Die Botschaft dieser Hymne ist sehr erhebend. Sie spornt dich an dich über die Angst hinwegzusetzen, all deine Makel abzulegen und nach dem Licht in deinem eigenen Herzen zu greifen. Wenn du dieses Gebet sprichst, bittest du auch um die Kraft, die ganze Welt als deinen Freund anzusehen. Das ist natürlich eine riesige Aufgabe. Du brauchst großen Mut um diese großzügige Freundschaft zuzulassen. Du musst dich von kleinlichen Gefühlen und Negativem freimachen. Dann erst siehst du die Güte in deinem Herzen schimmern, die Güte, die dein ganzes Leben mit ihrer Herrlichkeit durchdringt.

ICH BEOBACHTE GERNE, wie die ersten Sonnenstrahlen eine Bergspitze berühren. Es ist ein prächtiges Schauspiel.

Sobald die Sonne aufgeht, wird der Berg, der über Nacht ganz still lag, mit einer goldenen Kuppe gekrönt. Innerhalb weniger Sekunden scheint die Sonne den Berg mit ihrem eigenen Licht einkleiden zu wollen. Es ist wundervoll, wie sich die Elemente der Natur im Licht der Sonne, direkt vor unseren Augen, gegenseitig umarmen.

Spirituelle Übungen sind wie der Sonnenaufgang. Meditation, Singen, Kontemplation, selbstloses Dienen, die Wiederholung des Mantras, diese Übungen verleihen allem, was sie berühren, eine Frische und besondere Ausstrahlung. Wenn das erste Licht der Morgensonne auf die Berge trifft, sehen sie rosarot und wie vergoldet aus. Mit der Zeit verwandelt sich die Farbe in Platin, wenn das weiße Licht der Sonne die Berge bedeckt. Wenn du dir selbst erlaubst tiefer in die Übungen einzudringen, erfährst du denselben Vorgang in deinem eigenem Wesen.

Wenn jemand über eine geraume Zeit konzentriert spirituelle Übungen ausführt, wird er danach oft gefragt: „Was hast du gemacht? Du hast solch eine positive Ausstrahlung! Bist du verliebt?“ Wenn dein Herz erweckt worden ist, erstrahlt dein ganzes Wesen durch seine Schönheit und durch seinen Mut. Wenn du dich diesen wunderbaren zeitlosen Übungen hingibst, befreien sie dich von den Unreinheiten, die sich in deinem Leben angesammelt haben. Sie verscheuchen die Wolken, die dein Selbstwertgefühl überschatten. Sie helfen dir die Fröhlichkeit deines Herzens ans Tageslicht zu bringen. Es stimmt, dein Herz ist immer froh. Erlaube dir also seine Freude zu erfahren!

Baba Muktananda hat oft davon gesprochen, wie wichtig es ist, dass man die Göttlichkeit akzeptiert, die im Herzen eines jeden Menschen wohnt. Einmal hat er gesagt: „Der Mensch ist nicht, wie es den Anschein haben mag, eine unzulängliche Kreatur. Er ist erhaben, aber schädigt sich selbst, weil er sich seines eigenen Wertes nicht bewusst ist.“ [2]

Babas Worte sind einfach, gehen aber sehr tief. Sie lassen dich zur Herrlichkeit deines Herzens erwachen. Wenn du diese Worte hörst, wird dir klar, dass es ein größeres Du gibt, es ist voll vom Licht Gottes. Baba sagt: „Du bist erhaben, du bist würdig. Wieso leidest du also?“ Du leidest, weil du dir einbildest, du wärest nicht gut genug. Wann spürst du die Göttlichkeit? Du spürst sie, wenn du weißt: *Ich bin erhaben, ich bin würdig.* Dann erfährst du die wahre Freude des Herzens.

Erhebe dich deshalb durch die Weisheit deines Herzens, anstatt im Morast der Angst und des Versagens zu versinken. Dann siehst du dich die wahre Leiter des Erfolgs hinaufsteigen. Mit jeder Sprosse wirst du leichter und heiterer. Diese Worte *erhaben* und *würdig* können einen außergewöhnlichen Einfluss auf dein Leben nehmen. Sie befehlen dir den Raum jenseits der Angst zu betreten.

LASST UNS NUN FÜR einen Moment innehalten um Babas Worte aufmerksam zu betrachten. Wir machen jetzt eine kurze *Dhāranā,* eine Technik, bei der wir uns auf einen Gedanken von göttlicher Natur konzentrieren. Wenn du deinen Geist still werden lässt, indem du dich auf etwas Göttliches konzentrierst, wie zum Beispiel auf die Worte eines großen Meisters, berührst du die Natur deines Selbst.

Atme sanft ein und aus und lass Babas Worte in deinem Herzen klingen: *Ich bin erhaben, ich bin würdig.* Diese Worte leiten dich zu einem Platz in deinem Innern, der voll von Gottes Licht ist, zu einem Ort jenseits jeder Art von Angst und Versagen, zu einem Ort an dem deine innere Herrlichkeit unablässig erstrahlt.

Ich bin erhaben. Ich bin würdig. Dieser Ort kann niemals vom Auf und Ab des Lebens berührt werden. Wisse, dass du erhaben, dass du würdig bist, egal was sich in deinem Leben abspielt. Du kannst diesen Ort in der Kürze eines Augenblicks finden. Konzentriere dich einfach auf den strahlenden Gedanken *Ich bin erhaben. Ich bin würdig.*

Wenn du einatmest: *Ich bin erhaben.* Wenn du ausatmest: *Ich bin würdig.* Atme ein: *Ich bin erhaben.* Atme aus: *Ich bin würdig.*

Nun atme in deinem normalen Rhythmus weiter.

Lass dich von der Kraft der Worte Babas jenseits jeder Art von Angst zur Weisheit deines Herzens tragen. Wenn du die Worte: *Ich bin erhaben. Ich bin würdig* aufmerksam bedenkst, erwachst du zum Mut in dir und bist von göttlicher Zufriedenheit durchdrungen.

Es ist eine erhebende Übung die strahlende Weisheit in den Worten großer Meister zu erfahren. Baba hat die Würde und die Erhabenheit des Herzens erfahren. Weil er dies selbsterreicht hat, kann er diese Erfahrung an andere weitergeben.

DEIN INNERES SELBST ZU ERKENNEN und die Wahrheit der Worte „Ich bin erhaben. Ich bin würdig" zu erfassen, ist nicht egoistisch. Du sagst nicht: „Ich bin erhaben, ich bin besser als andere. Ich bin würdig, ich bin besser als andere." Nein, du erkennst die Herrlichkeit in deinem Herzen, die auch in jedem anderen Herzen existiert. Diese Erkenntnis ermöglicht es dir zum Mut in dir zu erwachen und von göttlicher Zufriedenheit durchdrungen zu sein. Wenn du dein Herz berührst, berührst du in Wirklichkeit Gott.

Wir haben über Mut gesprochen und über die Möglichkeit, entspannt zu sein und deine eigene Zufriedenheit zu erfahren. Wie kannst du das Wesentliche aus dieser Botschaft herausziehen? Wie kannst du sie zu einer bleibenden Erfahrung machen? In einem *Bhajan,* einem Lied an Gott, beschreibt der Dichter Padmakar aus dem neunzehnten Jahrhundert, wie du in deinem eigenen Herzen mit Gott sprechen kannst und wie du immer alles vom erhabendsten Standpunkt aus verstehen kannst:

Oh mein mutiges Herz, habe Geduld!
Wenn du noch tapfer für einige Zeit warten kannst,
    wirst du sehen, dass die schlechten Zeiten
    sich zum Besseren wenden.
Ebenso wie das Leiden der Glückseligkeit folgt,
    wird in der gleichen Weise nach einiger Zeit
    Glückseligkeit dem Leiden folgen.
Oh mein mutiges Herz, habe Geduld.
Genauso wie wir ständig
    der lieblichen Musik von Krishnas Flöte lauschen,
    so wird Krishna uns seinen Namen ausrufen hören
    und er wird kommen um bei uns zu sein.
Eines Tages, früher oder später,
    werden die guten Zeiten wiederkehren.

„Oh mein mutiges Herz, habe Geduld." Wie übst du diese Geduld? Die Wissenden, die die reine Weisheit erkannt haben, geben uns folgenden Rat: Konzentriere dich auf die immerwährende Gegenwart Gottes. Denke an die Kraft der Siddhas, die in deinem Leben stets gegenwärtig ist. Betrachte ihre nie endende Liebe. Wenn du dir ihrer bewusst wirst, spürst du stets deine eigene Güte und dann hast du Geduld. Was auch immer du tust, du wirst es mit einer anmutigen Haltung tun. Du wirst nicht in Eile sein. Selbst wenn du es eilig hast, wirst du dir die Zeit nehmen um die Schönheit Gottes zu bewundern.

Als ich heute morgen zum Programm gekommen bin, hatte ich gedacht, ich wäre zu spät dran und mich ein wenig beeilt. Dann hatte ich jedoch einen schönen, goldenen Schmetterling bemerkt, er flatterte direkt vor mir hin und her. Ich war schnell gegangen, eine innere Stimme sagte mir jedoch: „Halte ein! Du hast genügend Zeit um den Schmetterling zu betrachten und dich bei Gott für seine Schönheit zu bedanken." Daraufhin begann der Schmetterling zu tanzen. Dies war das erste Mal, dass ich einen Schmetterling so lange auf einer Stelle habe tanzen sehen. Gewöhnlich sind sie sehr flatterhaft, aber heute hatte dieser Schmetterling eine Menge Geduld. Indem er tanzte und tanzte hat er mir eine Lektion über Geduld gegeben.

Ich habe dem Schmetterling eine Weile zugeschaut und dabei erkannt, dass ich alle Zeit der Welt hatte. Ich bin sehr, sehr ruhig geworden. Ich kann diesen entzückenden Schmetterling selbst jetzt noch vor meinen Augen tanzen sehen. Als ich dann die Halle betreten und euch alle gesehen habe, habe ich gedacht: „Aha, hier sind Hunderte von schönen Schmetterlingen!" Obwohl euer Herz tanzt, ist die Luft von tiefer Stille erfüllt.

Konzentriere dich auf die immerwährende Gegenwart Gottes in deinem Leben. Wenn dir nicht wohl ist, wenn du es eilig hast, wenn du niedergeschlagen bist und wenn du denkst, du kannst nicht mehr, dann richte deine Aufmerksamkeit auf die immerwährende Gegenwart Gottes. Wenn du hoch erfreut bist, wenn du aufgeregt bist, wenn du voller Enthusiasmus bist und wenn du voller Ekstase bist, richte deine Aufmerksamkeit auf die immerwährende Gegenwart Gottes. Ebenso wie sich die göttliche *Mūrti*, Bhagawan Nityanandas Statue, stets im Tempel befindet, so ist auch Gott immer gegenwärtig in deinem Herzen. Nimm dir also ein wenig Zeit um einen Wasserfall zu betrachten, um den Schnee auf einer Bergspitze zu bewundern. Wenn du dich hinsetzt um deine eigene Erhabenheit und deine eigene Würde zu erkennen, dann nimm dir ein wenig Zeit und konzentriere dich auf die immerwährende Gegenwart Gottes. Diese Übung lehrt dich ganz bestimmt Geduld, sie öffnet dir die Schatzkammer der Geduld.

Wenn du dich auf die immerwährende Gegenwart Gottes in dir konzentrierst, ist dein Herz voller Mut. Dieser Mut des Herzens ermöglicht es dir mit großer Geduld durch schwere Zeiten zu gehen. Obwohl solche Zeiten schwierig und sinnlos erscheinen mögen, kannst du, wenn du achtsam bist, wundersame Edelsteine und unschätzbare Juwelen an die Oberfläche befördern. Laufe vor solchen Momenten nicht weg, egal wie unbehaglich du dich vielleicht fühlst. Die tiefste Gotteserfahrung machst du in deinen schwierigsten Momenten. Was auch immer die jeweilige unangenehme Situation sein mag, lerne durch sie hindurchzugehen. Wenn du einen Fehler machst, versuche nicht, ihn zu leugnen und vor ihm davonzulaufen. Bleibe standhaft und erhebe dich über deine Probleme. Wenn du versuchst, die Zeiten des Leidens zu vermeiden verbringst du deine Zeit mit Gefühlen wie Ärger und Enttäuschung. Du brütest unablässig über deiner Hilflosigkeit. Du bringst deine Missstände dauernd in den Vordergrund deiner Gedankenwelt. Deine Gefühle sind von schmerzvollen Erinnerungen gefärbt. Auf diese Weise unterdrückst du deinen Lebensmut vollständig. Dann wird dein Leiden so schwer, dass sich dein Herz weigert dir in schwierigen Zeiten beizustehen.

Wie kann ein Suchender sein Herz in widrigen Situationen stärken? Wohin kannst du dich um wohlwollende Unterstützung wenden? Konzentriere dich auf die immerwährende Gegenwart Gottes in deinem Herzen und in deinem Leben. Auf was auch immer du deine Gedanken richtest, dazu wirst du.

WENN EIN KLEINES KIND zärtlich an die Brust seiner Mutter gedrückt wird, fühlt es sich völlig beschützt und geborgen. Egal ob die Mutter durch eine belebte Gasse, durch einen bedrohlichen Wald oder durch einen dunklen Tunnel geht, das Kind bleibt recht glücklich und zufrieden. Durch die Wärme des Mutterherzens fühlt sich das Kind sicher und geliebt. Genauso ist es dir möglich deine Gefühle im Gleichgewicht zu halten, wenn deine Aufmerksamkeit auf die Gegenwart Gottes, auf die göttliche Gnade ausgerichtet ist. Mit dieser Beständigkeit trittst du das Erbe der göttlichen Zufriedenheit an und du wirst vom Strahlen Gottes in deinem Innern erleuchtet. Dann kannst du schwierige Lebenssituationen mit einem mutigen Herzen willkommen heißen.

Du hast die Wahl: Du kannst entweder durchs Leben gehen und dich ständig beschweren und jammern oder du kannst dein Leben mit Würde und einer erhabenen Haltung leben. Wenn du glaubst, dass du umso mehr Aufmerksamkeit bekommst, je mehr du klagst, dann irrst du dich gewaltig. Zunächst mögen dir die Leute behilflich sein. Es gefällt ihnen vielleicht jemanden so hilflos zu sehen, ihr Herz blutet vielleicht. Aber vergiss nicht, sie werden keinen Respekt vor dir haben. Folgendes werden sie über dich sagen: „Ach diese Person, sie heult wegen jeder Kleinigkeit." „Ach, diese Person, du kannst wirklich nicht mit ihr reden. Sie beschwert sich nur und beschuldigt andere Menschen."

Anfangs denkst du, diese Leute würden bei dir stehen. Und sie stehen dir in der Tat bei. Es ist ein natürlicher Impuls des menschlichen Herzens zu helfen, wenn es jemanden leiden oder verzweifelt sieht. Du verdienst dir jedoch nicht den Respekt, der jemandem gebührt, der Gott in sich trägt. Die Leute werden dir ihr Mitgefühl und Einfühlungsvermögen entgegenbringen, sie werden dich trösten. Ihren Respekt jedoch kannst du nur gewinnen, indem du die Güte und den Mut deines Herzens mit ihnen teilst. Dann werden sie sich an dich erinnern. Sie werden sagen: „Diese Person, ich möchte mit ihr zusammen sein. Sie lässt mich meine eigene Stärke und meinen Mut spüren." „Diese Person vermittelt mir ein inneres Glücksgefühl."

Auf diese Weise sollte man sich an dich erinnern. Das ist wirklicher Respekt. Wenn du die immerwährende Gegenwart Gottes in deinem Herzen und die unablässige Stetigkeit der göttlichen Gnade im Auge behältst, fühlst du dich sicher, du fühlst dich sehr geliebt. Gnade ist die Kraft in deinem Leben, die dich aufrichtet.

BABA'S WORTE SIND LEUCHTFEUER auf dem spirituellen Weg. Er sagt:

> Wenn du voller Zweifel bist, kannst du keine richtige Entscheidung treffen. Dein Herz soll voller Mut sein. Wegen der Angst schwankst du zwischen zwei Alternativen hin und her, und wegen dieses Hin- und Herschwankens triffst du letztendlich die falsche Entscheidung. Wenn du jedoch durch die Meditation mit deinem Selbst in Berührung kommst, kannst du dich auf deine Entscheidungen verlassen. Dein Herz soll voller Mut sein. Meditiere intensiv, dein inneres Selbst trifft immer die richtige Entscheidung.[3]

Baba legte stets Wert auf das Wunder der Meditation. Die Meditation stärkt jede Zelle deines Herzens. Die Meditation gibt dir Hoffnung. Die Meditation lässt Strahlen des Glaubens entstehen und verleiht ihnen eine besondere Kraft. Durch die Meditation kannst du dein inneres Selbst berühren. Wenn du dann eine Entscheidung triffst, entspringt sie aus einem unerschütterlichen Bewusstsein. Sie ist dann nicht von weltlichen Dingen, die auf und ab gehen, beeinflusst. Sie entspringt aus der tiefen Quelle des inneren Selbst. Solch eine Entscheidung ist unanfechtbar. Du kannst dich voll und ganz auf sie verlassen. Du kannst dein ganzes Leben auf ihr aufbauen.

Ich liebe es, wenn Baba ganz ohne Umschweife sagt: „Dein Herz soll voller Mut sein." Lasst uns für einen Augenblick die Gewissheit seiner Worte erfahren. Wir machen dies mit Hilfe einer kurzen *Dhāranā*, einer Konzentrationsübung.

Beobachte deinen Atem beim Ein- und Ausströmen. Entspanne Geist und Körper. Spüre deutlich, wie sich dein Herz mit jedem Ein- und Ausatmen weiter öffnet.

Wiederhole nun für dich selbst: *Mein Herz ist voller Mut. Mein Herz ist voller Mut.* In deinem Innern befindet sich eine Quelle des Mutes. Du kennst dieses Gewässer sehr gut. Du schöpfst jedes Mal daraus, wenn das Leben von dir verlangt dich über die Grenzen des Einfachen, Gewohnten und Bequemen hinaus zu wagen und Neuland zu erforschen. Du trinkst recht häufig aus dieser Quelle. *Mein Herz ist voller Mut.*

Schöpfe aus diesem klaren Wasser des Mutes und trinke es. Wie rein es ist und wie belebend sein Geschmack. Mache dir einmal deutlich bewusst, dass dein mutiges Herz dich schon durch etliche brenzlige Situationen geführt hat. Es hat dich durch viele Herausforderungen getragen. Es hat dir geholfen Schritte zu wagen, die dein ganzes Leben verändert haben. Atme weiter tief und fest ein und aus.

Bewahre diese Tatsache in deinem Bewusstsein: *Mein Herz ist voller Mut. Mein Herz ist voller Mut.* Schätze die Eingebung deines mutigen Herzens und schöpfe Kraft aus dieser niemals versiegenden Quelle. Es gibt sie ohne Ausnahme in jedem einzelnen von euch. Denke immer daran: *Mein Herz ist voller Mut.*

Nun atme in deinem natürlichen Rhythmus weiter.

Babas Worte lassen Kräfte in einen Suchenden strömen. Sie geben dir das Gefühl, dass es so viel Großartiges in dir gibt. Sie können dir das Gefühl vermitteln, dass du mehr wert bist als eine ganze Goldmine. Du bist tatsächlich für das höchste Ziel gewappnet.

Genauso wie du dich den spirituellen Übungen widmest, wirst du zu deinem inneren Mut erwachen und auf ganz natürliche Weise wird dir dieser Mut den höchsten Erfolg göttlicher Zufriedenheit bescheren. Durch deine innere Zufriedenheit kannst du dich in den Armen der unendlichen Liebe Gottes wiegen. Du bist vom inneren Glücksgefühl berauscht und es wird dir bewusst, dass das Leben ein Geschenk ist, das du immer weiter auspackst. Du meinst, du hättest die reinste göttliche Liebe erfahren, doch dann ist da immer noch mehr und mehr. Du hältst es nicht für möglich, dass dein Herz noch mehr davon empfinden kann, du glaubst, es sei an seine Grenzen gelangt, und dann öffnet es sich immer weiter. Es eröffnen sich dir neue Aussichten und die inneren Landschaften erstrahlen vom Sonnenlicht des erleuchteten Verstandes. Du entdeckst das Wunder des Lebens wieder und wieder neu.

Nutze diese Augenblicke um das Wunder deines Herzens zu bestaunen. Nutze diese Augenblicke um den Menschen, die du kennst, deinen Segen und deine guten Wünsche zu senden. Nutze diese Augenblicke um dem Allmächtigen zu danken.

Denke daran, ob du dich wundervoll oder elend fühlst, Gott ist immer da. Verweile in diesem Bewusstsein. Konzentriere dich auf die immerwährende Gegenwart Gottes in deinem Herzen. Erkenne diese göttliche Gegenwart in deinem Leben

13. Dezember 1997
Palm Springs, Kalifornien

UM ZUGANG ZU DEINEM EIGENEN MUT zu finden, musst du die Fähigkeit entwickeln, Disziplin zu üben. Die Disziplin hilft dir, zum ständigen Bewusstsein, dass deine innere Energie göttlich ist. Sie will gesammelt, behütet und erhalten werden. Stetige Disziplin ermöglicht es dir die große Weisheit der Siddhas zusammenzutragen. Sie erlaubt dir die wertvollen Juwelen der höchsten Tugenden anzusammeln. Stetige Disziplin erlaubt dir, den Erfolg deiner Sadhana zu behüten. Sie erlaubt dir, deinen Glauben und deine Hingabe zu erhalten. Stetige Disziplin erlaubt dir das Feuer der erweckten Energie der *Kundalinī Shakti* zu beschützen. Stetige Disziplin ist wahrlich eine Gabe des Gurus, eine Gabe aus zahlreichen früheren Leben, die dir beschieden waren. Stetige Disziplin entsteht durch Gnade. Die Gnade ermöglicht es dir Disziplin zu üben.

Wenn du erst einmal in stetiger Disziplin verankert bist, kannst du frei atmen. Du wirst mit Ekstase atmen. Du denkst, du würdest auf einem fliegenden Teppich spazieren. Dein ganzes Leben ist mit Wundern und Verwandlungen durchwirkt. Dein Leben selbst wird ein Wunder der Verwandlung. Du wirst die Erfahrung machen: „Mein Leben ist gesegnet. Mein Leben ist gesegnet. Mein Leben ist gesegnet." Du wirst in göttlicher Zufriedenheit schwimmen. Wo auch immer du dich hinbegibst, du empfindest Mut und Zufriedenheit; im Büro, in deiner Küche, wenn du mit deinen Kindern spielst, wenn du dich mit deinen Freunden unterhältst oder während du schweigst. Du brauchst nicht darauf zu warten, die Lehre zu hören: „Gott wohnt in dir als du." Deine ständige Erfahrung wird sein: *Gott wohnt in meinem Innern.* Du wirst mit deinem inneren Selbst vereint sein.

Stetige Disziplin ist ein wirklich überaus wertvolles Geschenk.

25. MAI 1997
Shri Muktananda Ashram
South Fallsburg, New York

KAPITEL 6

LASS *dein* HERZ SINGEN

VOR TAUSENDEN VON JAHREN sangen die Weisen des *Rig Veda* diesen Lobpreis Gottes:

> Wie die Schreie wachsamer Vögel,
> die im Wasser schwimmen,
> wie das laute Klatschen
> von donnernden Regenwolken,
> wie fröhliche Bäche,
> die den Berg hinunterstürzen,
> so erklingen unsere Hymnen an den Herrn.[1]

Der Impuls, für Gott zu singen ist so alt wie das Universum selbst. Viele Kulturen haben durch das Singen überlebt. In früheren Zeiten wurden auf diese Art, durch das Singen, kollektive Weisheiten erhalten und von Generation zu Generation überliefert. Der Wunsch zu singen um Gott zu preisen, steckt in jedem Wesen und gehört zu jeder Religion.

Wieso hat diese spirituelle Übung alle Zeiten überlebt? Was ist ihr Geheimnis? Die Antwort ist faszinierend. Obwohl der Sänger seine Stimme benutzt um Gott zu preisen, ist es der Sänger selbst, der am meisten davon hat. Singe und beobachte, was mit deinem Herzen geschieht. Singe und beobachte, was mit deinem ganzen Wesen geschieht. Derjenige, der ein Lied der Liebe zu Gott singt, wird köstlich belohnt. Singen öffnet das Herz und bringt das Paradies auf Erden. Man sagt, wenn jemand weint, dann singe für ihn. Wenn für dich Schwierigkeiten auftreten, singe. Singen räumt Hindernisse aus dem Weg und führt dich in eine größere Welt. Es verbindet einen Ort mit dem anderen und ein Herz mit dem anderen, wenn man Gott durch Singen preist. Das Singen belebt deinen Geist. Du empfängst einen frischen Geist. Im Siddha Yoga nennen wir die Übung dieses fröhlichen Gesangs „Chanting".

Chanting ist der beste Weg um sich in Gottes Gegenwart zu vertiefen. Chanting ist eine Freude bringende Meditation. Durch Chanting entdeckst du den Mut in deinem eigenem Herzen. Dein Herz ertönt vor Zufriedenheit. Chanting ist einer der wichtigsten Wege sich die Botschaft zu verinnerlichen: *Erwache zum Mut in dir und sei von göttlicher Zufriedenheit durchdrungen.*

CHANTING BEDEUTET den Namen Gottes nach klassisch indischen Melodien, sogenannten Ragas, zu singen. Jeder Raga ruft eine spezielle Stimmung hervor. Die Noten sind so gewählt und kombiniert, dass sie dich tief in dein Inneres leiten können. Sie führen dich in tiefe Meditation, in die Stimmung der jeweiligen Ragas. Wenn diese Ragas gesungen werden, rufen sie intensive Empfindungen hervor. Manchmal wunderst du dich, wo diese schönen Gefühle zuvor in dir verborgen waren. Wenn diese Melodien mit dem Namen Gottes verbunden sind, wird eine große Kraft in dir freigesetzt.

Durch das wiederholte Singen des Namen Gottes wird tiefe Andacht in deinem Herzen freigelegt. Diese Laute sind sehr kraftvoll. Sie sprechen unterschiedliche Ebenen deines Wesens an. Es dauert vielleicht ein wenig sich in den Ursprung des Gesanges zu vertiefen, aber habe Geduld, du wirst ihn erfahren. Es wird sich etwas Grundlegendes in dir verändern und wenn diese Veränderung eintritt, geschieht wirklich etwas und du weißt es. Du bist völlig berauscht. Du wirst dich in deinem Körper so wohl fühlen. Meistens fühlen wir uns überhaupt nicht wohl in unserem Körper. Niemand ist wirklich zufrieden mit seinem oder ihrem Körper. „Ich bin zu fett!" „Ich bin zu dünn!" „Ich bin zu groß." „Ich bin zu klein." „Ich bin schön." „Ich bin hässlich." „Oh, ich könnte besser aussehen, so, wie dieser Mensch." „Oh, schau dir ihre Haare an, sie sehen so viel besser aus als meine." „Oh, ich habe zuviel gegessen. Ich habe wirklich viel zuviel gegessen. Ich kann's nicht glauben, dass ich so viel gegessen habe. Mein Magen platzt gleich." „Oh, mein Kopfkissen ist zu weich. Ich habe einen Krampf in meinem Nacken." Niemand fühlt sich wohl in seinem Körper.

Wenn du jedoch den Namen Gottes singst und das Licht Gottes in deinen Körper fließen lässt, machst du eben diesen Körper zum Tempel Gottes. Jede Kleinigkeit, die dich an deinem Körper gestört hat, jede Kleinigkeit, die dir an dir nicht gefallen hat, sei es, wie du bist oder wie du dich bewegst, wie du lachst, wie du weinst, wie du schläfst oder wie du morgens aufstehst, das alles verändert sich. Irgendwie ist auf einmal alles schön und voller Gnade, alles hat auf einmal eine anziehende Kraft, so wie die Natur. Du bist nicht mehr egoistisch und nur auf dich selbst bezogen, sondern du erhebst dich darüber hinweg. Du begreifst, was Gott dir wirklich gegeben hat: deinen Körper, dein Leben und alles andere, was auf dieser Welt existiert.

Bei der Siddha Yoga Meditation geht es nicht darum

die Welt zu verändern. Wir verlangen von niemandem, dass er seine Religion wechselt. Wir verlangen von niemandem den Lebensstil oder das Familienleben zu verändern. Nein. Wir sind nicht auf diesem Weg um die Welt in dieser Weise zu verändern. Wir sind hier um das Bewusstsein zu verbreiten, dass Gott in allem wohnt. Egal wo du dich befindest, du kannst Gott genau dort und in diesem Augenblick erfahren. Wenn dieses Bewusstsein in dir wächst, erfährst du immer, egal was du tust, die Liebe Gottes und strahlst sie aus. Dann triffst du vom richtigem Ausgangspunkt her auf die Welt.

BABA MUKTANANDA LIEBTE DAS CHANTING. Es war, als ob Baba jeden Tag eine neue Gelegenheit fand, über die Herrlichkeit des Chantings zu sprechen. Einmal sagte er:

> Den Namen Gottes zu singen ist Yoga. Es besitzt eine große Menge an Shakti. Diese Shakti beruhigt den Geist und füllt das Herz mit Liebe. Chanting setzt den Sorgen und Leiden ein Ende und schafft Freude. Es reinigt die Atmosphäre innerlich und äußerlich. Es erstickt die geistige Unruhe im Keim. Wer auch immer den Namen Gottes mit Begeisterung singt, er ist von göttlichem Nektar erfüllt.[2]

Baba macht es uns sehr deutlich: Singen erstickt die geistige Unruhe im Keim.

Babas Worte sind vor allem in der heutigen Zeit sehr bedeutsam. Heutzutage ist jedermann so beschäftigt. Du versuchst so viele Dinge auf einmal zu verrichten. Informationen reisen auf der Datenautobahn und füllen jeden Augenblick mit einer schwindelerregenden Geschäftigkeit. Egal, ob es sich um die Welt der Computer, e-mails, Faxe und Mobiltelefone handelt oder um die Welt der Television und der Klangwellen, alles bewegt sich mit rasender Geschwindigkeit. Welchem Zweck dient all dies? Der Kommunikation. Dies ist das Zeitalter der Kommunikation. Es gibt Seminare über Kommunikation. Es gibt Theorien über die Kunst der Kommunikation. Jeder kommuniziert heutzutage.

Doch mit wem kommunizierst du? Was für eine Verbindung erfährst du durch all diese Kommunikationsformen? Mit wem fühlst du dich tatsächlich verbunden? Wo fühlst du dich vereint? Wann kostest du den Nektar des Vereintseins? Du bist wie ein Pferd, das zunächst im Schritt-Tempo läuft, dann trabt, dann galoppiert, dann schneller galoppiert, dann schneller und immer schneller galoppiert – bis du total am Rasen bist, als würden sich deine Knie in deine Rippen graben und Sporen in deine Flanken schneiden. Aber wer peitscht dich an? Wer treibt dich in diese Raserei? Wer nur?

So viele Haushalte rasen mit sich selbst um die Wette. So viele Wirtschaftsunternehmen unterliegen einem gnadenlosen Wettbewerb. Denk einmal darüber nach. Bei all diesen Umständen, wer hat da noch Zeit? Wer hat noch Zeit, dem Wind, der durch einen Canyon streift zuzuhören, oder einer kranken Palme zu lauschen, oder dem stillen Gesang, den ein Kieselstein auf dem Gehweg singt zuzuhören? Wer hat noch Zeit den Armen zu helfen, oder die Belastung, welche die Erde trägt, zu empfinden?

Wer hat Zeit, den liebevollen Worten seiner Nächsten zuzuhören, einem kleinen Kind Gehör zu schenken, wenn es von der Schulzeit erzählt, oder selbst deinem eigenen Atem zuzuhören? Wer nimmt sich Zeit mit den Älteren am Lagerfeuer zu sitzen, um sich Geschichten früherer Zeiten erzählen zu lassen oder um Gott zu preisen? Wer hat Zeit, der lieblichen Musik, die Gott abends beim Einschlafen in dein Ohr flüstert zuzuhören?

Du hast doch gar keine Zeit für all dies. Du bist so beschäftigt, so sehr beschäftigt. Das ist doch wahr, oder?

Seltsam ist allerdings, dass trotz all dieses Beschäftigtseins jeder noch Zeit findet sich Sorgen zu machen. Und um diese steigende Anspannung zu überwinden, wird noch mehr auf die „Liste der zu erledigenden Dinge" gesetzt. Das bringt jedoch keine Erleichterung. Die Keime der geistigen Unruhe werden unerträglich. Probleme wachsen über den Himmel hinaus. Können wir diesem Teufelskreis kein Ende setzen? Gibt es wirklich keinen Ausweg?

Ja, es gibt einen! Lass dein Herz singen! Nimm dir Zeit und singe! Chanting setzt große Energien in dir frei. Es ist erstaunlich. Es hat die Kraft deine Traurigkeit an die Oberfläche zu bringen. Dann trocknet es deine Tränen des Leidens und lässt einen Springbrunnen der Freude entstehen. Das geschieht, wenn sich deine Tränen des Leides in Tränen der Freude verwandeln.

Störende Gedanken, die beim Singens aufkommen, werden sogleich von der Kraft des Klanges getilgt. Versteckte Gefühle von Wertlosigkeit lösen sich aus dem Herzen um in der Kraft des Klanges aufgelöst zu werden.

Alles, was Geist und Herz beunruhigt, zeigt sich, um dir Adieu zu sagen, wenn dein Herz sich mehr und mehr dem Singen hingibt. Selbst wenn Wut hochkommt oder sich Stolz in dir regt, Angst dich verfolgt oder Eifersucht in dir gärt, du weißt, dass diese Dinge nicht mehr an dein Herz heranreichen können. Sie hören auf dein Leben zu beeinflussen.

IN WIRKLICHKEIT BESTEHT DEIN GANZES WESEN aus purer Freude. In den Upanishaden heißt es:

> Du wurdest aus Liebe geboren, du lebst in der Liebe
> und du fließt zurück in die Liebe.
> Du wurdest aus Freude geboren, du lebst in Freude
> und du fließt zurück in die Freude.

Dein ganzes Wesen besteht aus großer Freude und Ekstase. Deshalb ist es ganz natürlich für dich, von der Kraft des Singens, vom Gesang des Herzens angezogen zu werden. Folge diesem natürlichen Sog deines Herzens, deines gesamten Wesens.

Im sechzehnten Jahrhundert lebte in Indien eine Heilige mit dem Namen Mirabai. Bevor sie eine Heilige wurde, war sie Königin. Es war nicht so einfach für sie, den Namen Gottes, wann immer sie wollte zu preisen, da der König und sein Gefolge es nicht guthießen, wenn sie sich wie eine Nonne oder Dienerin Gottes benahm. Sie wollten, dass sie alle ihre königlichen Pflichten wahrnahm. Mirabai war willens dies zu tun. Gleichzeitig jedoch hatte sie das tiefe Verlangen den Namen Krishnas zu singen. In ihrem Herzen fühlte sie sich vereint mit Krishna und wenn sie seinen Namen sang, setzte dies eine große Reinheit und starke Energien in ihr frei. Eines ihrer Lieder lautet:

> Mira ist berauscht von der Liebe Gottes.
> Sie ist so vertieft in Krishnas Liebe,
> dass sie durch die Straßen zieht und
> Gott lobpreist und Seinen Namen singt.
> Niemand kann sie davon abhalten, sagt Mira.
> Niemand kann sie kritisieren
> oder ihr denWeg versperren.
> Berauscht von der Liebe Gottes
> singt sie den Namen des Herrn –
> Govinda, Gopala – in großer Ekstase.

Das Singen löst göttliche Freude in dir aus. Durch das Singen verwandelt sich dein inneres Wesen. Durch das Singen weihst du deine Umgebung. Durch das Singen kommt dein Mut an die Oberfläche und du empfindest göttliche Zufriedenheit.

Aus diesem Grunde wird im Siddha Yoga zu so vielen Gelegenheiten gesungen. An jedem neuen Ort wird erst einmal gesungen. Die Siddha Yoga Schüler singen, wenn sie unterwegs sind. Das Singen mit einer guten Absicht ist tatsächlich zu einer wunderbaren Tradition geworden. Menschen singen zu vielen verschiedenen Anlässen: bei der Geburt eines Kindes, vor Prüfungen, auf einer Hochzeit, um ihren Erfolg zu feiern, um gute Wünsche zu senden, zum Trost am Krankenbett und um Gnade zu erbitten in der Stunde des Todes. Wann immer du nicht weißt, was du tun sollst, kannst du singen.

Menschen fragen: „Was soll ich tun, wenn ich meine neue Arbeit beginne?" Singe. „Was soll ich tun, wenn ich einen wichtigen Anruf machen muss?" Singe, bevor du zum Hörer greifst. Es verändert deine Einstellung von Grund auf. Du wirst von göttlicher Energie erfüllt und voller Inspiration sein.

ES WAR EINMAL EIN KÖNIG, namens Akbar. Dieser stellte seinem Ministerpräsidenten Birbal gerne schwierige Fragen. Eines Tages ließ er ihn rufen und sagte zu ihm: „Kannst du mir das allerschlimmste Ding der Welt bringen?"

Birbal nickte zustimmend: „Morgen, Eure Majestät."

Am nächsten Tag trat Birbal von den König, und der König fragte ihn: „Hast du mir das allerschlimmste Ding der Welt gebracht?"

„Ja, Eure Majestät", sagte er und zeigte auf seine Zunge.

Der König wurde sehr neugierig: „Würdest du mir das bitte erklären?"

„Eure Majestät, diese Zunge ist so teuflisch. Sie kann das Allerschlimmste über die Menschen sagen. Sie kann so viele Herzen verletzen. Sie verlangt sehr gerne und oft nach etwas Süßem und anderen köstlichen Speisen und macht dadurch den Körper krank. Die Zunge ist das Allerschlimmste, das man in dieser Welt finden kann."

König Akbar war recht zufrieden mit dieser Antwort. Dann fragte er: „Und wie steht es mit dem besten Ding der Welt. Kannst du mir das auch bringen?"

„Ja, Eure Majestät, morgen."

Am nächsten Tag, als Birbal kam, fragte der König: „Hast du mir das beste Ding der Welt gebracht?"

„Ja, Eure Majestät", sagte er und zeigte auf seine Zunge.

Dieses Mal war der König mehr als neugierig: „Kannst du das bitte noch einmal erklären?"

„Eure Majestät, die Zunge kann das Allerbeste über die Menschen sagen. Sie kann jeden glücklich machen. Die Zunge kann so lieblich sprechen und die Wunden eines jeden Herzens heilen. Die Zunge ist sehr kostbar. Sie ist besser als das Beste. Sie kann sich kontrollieren und den ganzen Körper gesund machen. Und noch mehr, gerade diese Zunge kann den Namen Gottes singen. Sie kann Gott lobpreisen und das Licht Gottes in jedermanns Leben bringen."

Die Zunge ist das Allerbeste, das du besitzt. Benutze sie um Gottes Namen zu singen. Baba pflegte zu sagen, dass das Singen der königliche Weg zur Befreiung ist. Er hatte seine besondere Art das zu unterstreichen. Er betonte: „Singen ist eine Art von Versicherungspolice, die dir die Erkenntnis Gottes garantiert, und derjenige, der nicht singt, erhält diese Garantie nicht."

Dies ist eine großartige Versicherungspolice, den Namen Gottes zu singen. Die Kraft des Singens kann dein Denken, dein Verständnis und selbst dein Benehmen verwandeln. Lass es die Art, wie du Dinge tust, wie du Dinge siehst und die Art, wie du sprichst, beleben. Werde furchtlos, indem du dich von der Kraft des Singens beschützen lässt.

14. Dezember 1997
Palm Springs, Californien

SINGEN ÖFFNET ALLE TÜREN. Was kannst du lernen, wenn du singst? Erstens wird dir klar, dass du in der Lage bist mit deiner Stimme großartige Klänge zu formen. Stell dir einen Ton vor, der von der Lieblichkeit deines Herzens erfüllt ist. Du kannst diesen Ton erzeugen! Einen Ton, der von Gott erfüllt ist. Du kannst in deiner Stimme die Güte deines Herzens hören. Das ist eine große Errungenschaft. Das allein sollte dich glücklich machen.

Was kannst du noch durch das Singen entdecken? Töne können Widerstände durchbrechen. Singen kann Energieblockaden in deinem Körper auflösen. Manchmal hast du vielleicht das Gefühl, dass dir der Atem stehen bleibt, aber wenn du dich dem Singen hingibst, atmest du automatisch sehr viel tiefer. Singen schafft einen freien Weg, durch den der Atem ungehindert fließen kann.

Wenn du dich mit der Übung des Singens anfreundest, verliert der Körper seine Anspannung und Verkrampfung. Dann kann er sich den nährenden Energien öffnen. Singen nährt den Körper. Es ist, als würdest du Nektar trinken oder eine Köstlichkeit zu dir nehmen, die du sehr gerne hast. Sie fließt so wunderbar durch deine Kehle und du kannst sie nur willkommen heißen.

Die Silben des Gesangs sind heilig. Aus diesem Grunde kann Singen die Widerstände zwischen dir und deinem eigenen Herzen durchbrechen. Wenn die Mauern einstürzen, erstrahlt dein Herz wie die Morgensonne und du erkennst, was für ein großartiges und freigiebiges Herz du besitzt. Solange du nicht weißt, was für ein großartiges Herz dir von Gott geschenkt wurde, lebst du im Bewusstsein der Armut.

Durch die Freude des Singens entfaltet sich deine innere Welt. Es ist wie bei einer Blume, bei der sich die Blütenblätter einzeln nacheinander entfalten. Durch die Kraft des Singens erblüht dein ganzes Wesen auf ganz natürliche Weise wie eine Rose. Dann bist du von tiefer und unerschütterlicher Zufriedenheit erfüllt.

21. DEZEMBER 1997
Palm Springs, Kalifornien

KAPITEL 7

AUSZUG AUS DEM HAUS *des* MANGELS

WIR BEFINDEN UNS AM VORABEND der Wintersonnenwende. Dieser Tag kündigt die Rückkehr des Lichtes an. Bald sammelt die Natur alle ihre Kräfte um dem Frühling zum Durchbruch zu verhelfen. Es ist eine Zeit des Reifens und des Wiedererwachens. Ich möchte euch nun einladen euch in die Lehre zu vertiefen. Egal, wer oder was dich hierher geführt hat, tauche tief in diesen Prozess ein und mache deine Erfahrung. Du bist hier um auf eine innere Reise zu gehen, um dein eigenes inneres Licht zu erblicken. Du bist hier um dich in der Erfahrung der Wahrheit, dem höchsten Bewusstsein und der perfekten Liebe in dir zu verankern.

Halte einen Moment inne und frage dich: Ist es nicht erstaunlich? Egal, wie großartig die innere Welt ist, sie bleibt in der Regel unbemerkt. Es ist wie mit deinem Herzschlag. Du weißt, dein Herz schlägt die ganze Zeit und hält deinen Körper am Leben. Ohne dein Herz könnte dein Körper nicht existieren. Jedoch bleibt dieses Wunder von den meisten Menschen unbeachtet. Wie oft denkst du daran, dass dein Herz schlägt? Wie oft spürst du dein Herz beständig klopfen, klopfen, klopfen? Vielleicht, wenn du verliebt bist oder wenn jemand krank ist. Die meiste Zeit jedoch bist du dir deines Herzschlages nicht bewusst. Und doch schlägt es unentwegt.

Das zeigt, wie unbewusst und undankbar Menschen sein können. Undankbarkeit kann in der Tat das Leben von jemand ins Elend führen. Deshalb ist es ein Segen, wenn du dein eigenes Herz hören und es in seiner Herrlichkeit wiederentdecken kannst. Wenn jemand nicht einmal den Herzschlag in seinem eigenen Körper spüren kann, ist es dann ein Wunder, dass er sich der inneren Welt und den feinstofflichen Ebenen seiner Existenz nicht bewusst ist? Ein wahrer Suchender strebt danach das innere Licht zu sehen, um die Herrlichkeit seines Selbst wiederzuentdecken und um in ständiger Dankbarkeit zu leben. Baba Muktananda wurde manchmal gefragt: „Auf welche Weise kann ich mein Leben am besten leben?" Baba sagte daraufhin immer: „In Dankbarkeit." So einfach ist es. Wenn du dankbar sein kannst, dann besitzt du alles. Die Heiligen jeder Tradition haben diese Botschaft immer und immer wieder betont.

Einer dieser Heiligen, Bhartrihari, war ein bedeutender König Indiens. Im Alter verzichtete er auf sein Königreich und widmete seine Zeit ausschließlich der Suche nach Gott und dem Singen von Lobliedern auf den Herrn. Bhartrihari schreibt:

> Wandere nicht länger schweren Schrittes
>   durch das Dickicht der Sinne.
> Finde stattdessen diesen besseren Weg,
>   der dich augenblicklich von aller Trübsal befreit.
> Vereinige dich mit dem höchsten Wesen
>   und gib deinen gegenwärtigen Zustand auf,
>   der so unstet wie die Wellen des Meeres ist.
> Wende dich ab von Dingen, die dich verwirren.
> Oh mein Herz, sei ruhig!

Bhartrihari fordert uns auf die innere Welt aufzusuchen und uns mit dem zu vereinigen, was alle Lebewesen und Gegenstände existieren lässt. Das ist das höchste Selbst, der unsichtbare Nährboden, aus dem die Schöpfung hervorgeht. Dieses Universum ist ein perfektes Ebenbild Gottes, der universellen Seele. Wenn wir im Einklang mit Gottes Schöpfung leben, führen wir ein Leben voller Gnade. Es ist die Erfüllung allen menschlichen Strebens, sich nach innen zu wenden und mit Gott eins zu werden.

WIR HABEN UNS EINGEHEND mit der Botschaft *Erwache zum Mut in dir und sei von göttlicher Zufriedenheit durchdrungen* auseinandergesetzt. Bhartrihari sagt: „Oh mein Herz, sei ruhig. Wandere nicht länger schweren Schrittes durch das Dickicht der Sinne." Die Sinnesorgane sind wunderbare Instrumente. Mit den Augen kannst du sehen, mit den Ohren kannst du hören und mit den Händen kannst du fühlen. Du brauchst deine Sinnesorgane um diese Welt in ihrer ganzen Fülle zu erfahren, so wie du es dir ja auch aus tiefstem Herzen wünschst. Denke dennoch einmal bewusst darüber nach, wie du deine Augen, Ohren und Hände einsetzt.

Oft bist du dir nicht einmal sicher, ob du wirklich magst, was du tust, wenn du deine Sinne einsetzt. Und so gehst du lustlos mit „schweren Schritten" durch dein Leben. Macht ein solches Leben jedoch viel Sinn? Wenn du nicht mit frischem Geist das tun kannst, was du zu tun hast, und dorthin gehen kannst, wo du hingehen musst, dann schleppst du dich förmlich durch jeden Tag.

Die göttliche Einladung zur unvorstellbaren Erfahrung der Zufriedenheit wurde seit jeher von den Heiligen und Weisen aller Zeiten unterbreitet. Ihre erhabenen Gedanken wurden wie brennende Fackeln von einer großen Seele zur anderen weitergereicht. Über Jahrtausende hinweg wurden tiefgehende Erfahrungen des Selbst in den heiligen Schriften aller Traditionen festgehalten. Es ist unser großes Glück, dass uns diese Lehren zur Verfügung stehen. Wir können sie lesen, wir können sie studieren und wir können sie in die Tat umsetzen. Wir können den Versuch machen, unser Leben im Licht dieser großartigen Lehren zu führen.

Die großen Heiligen weisen uns den Weg zur höchsten Wahrheit und zeigen uns, wie wir unser Leben nach ihren Lehren ausrichten können. Erst wenn du die höchste Ekstase kostest, wird dir klar, wer genau diese innere Erfahrung in dir erweckt hat. Aus diesem Grunde sagen wir in Dankbarkeit „*Sadgurunath mahārāj kī jay!*“: Gepriesen sei der wahre Guru! Gepriesen sei der wundervolle Guru, der in meinem eigenen Herzen lebt, der mein Bewusstsein erweckt und mein Herz entfacht hat!

Diese innere Reise ist die lohnendste Suche, auf die du dich jemals begeben kannst. Gleichzeitig ist es jedoch eine mühsame Reise. Du wirst das große Licht in dir entdecken, du wirst aber auch auf unangenehme Dinge stoßen, die dich von diesem Licht fernhalten. Es ist eine wunderbare Heldentat, wenn du tief in dein eigenes Wesen eintauchen und dabei den höchsten Respekt für dich selbst bewahren kannst. Diese innere Reise ist unser Weg. Es ist der Weg der Meditation.

Obwohl du dich mit Meditation nicht so gut auskennen magst, so besitzt du doch in deinem Atem einen treuen und verlässlichen Gefährten. Wenn du deinem Atem folgst, wird es dir möglich, still zu werden und so eröffnet sich dir der Weg der Meditation. Mit deinem Atem als ständigem Begleiter kannst du mühelos zum Ort der Zufriedenheit in dir gelangen.

Beobachte nun für einen Moment deinen Atem, wie er ein- und ausströmt. Atme bewusst tief ein und langsam wieder aus. Du kannst im Geiste deinen Körper nach Stellen absuchen, an denen du vielleicht festhältst. Wenn du welche findest, erlaube deinem Körper, sich noch mehr zu entspannen. Atme weiterhin tief ein und langsam wieder aus.

Durch das tiefe Atmen beruhigt sich dein Geist ganz von selbst und es kehrt Stille ein. Finde die Stille im Atem.

Die Zufriedenheit existiert in dieser Stille. Lass deinen Geist im stetigem Rhythmus deines Atems ruhen. Lass dich durch den Atem sanft zum Meer der Zufriedenheit in dir tragen. Erwache zum Mut in dir und sei von göttlicher Zufriedenheit durchdrungen.

Kürzlich teilte mir eine Frau, die Siddha Yoga Meditation ausübt, mit, wie sehr sie den Zustand liebt, in den sie immer gleitet, wenn sie ihren Atem für eine Weile beobachtet hat. Sie tritt ein in eine Sphäre tiefster Zufriedenheit. Wenn sie an einer Veranstaltung teilnimmt und mit anderen zusammen meditiert, gelangt sie sofort in diesen Zustand. Wenn sie zu Hause meditiert, kann es dagegen manchmal zwei Stunden dauern, bis sie dieses wunderschöne Gefühl erlebt. Das entmutige sie jedoch keineswegs, sagte sie, auch wenn es zwei Stunden dauere, sei das für sie in Ordnung. Sie habe noch den ganzen Tag vor sich, der mit Aktivität vollgepackt ist. Wenn sie morgens früh aufstehe und meditiere um auf diese göttliche Frucht der Zufriedenheit zu warten, die sich einstellt, sobald der Atem still ist und der Geist und die ganze innere und äußere Welt in absoluter Stille schwebt, dann sei das jede Anstrengung wert.

Manche Menschen erfahren diesen Zustand der Stille sehr rasch. Wenn er sich für dich einstellt, halte ihn in Ehren. Verweile in dieser Stille. Lerne sie schätzen. Lerne Dankbarkeit für diese Erfahrung zu empfinden. Sie ist ein großer Segen.

SOBALD DU DICH DAZU ENTSCHLIESST zum Mut in dir zu erwachen, machst du Entdeckungen, die zum Teil überraschend und zum Teil unangenehm sein können. Es können Gewohnheiten sein, von denen du keine Ahnung hattest, dass es sie in dir gibt und es können Einstellungen sein, von denen du glaubtest sie längst abgeworfen zu haben. Du denkst: „Ich suche meinen Mut! Warum lasse ich mich von diesen schrecklichen Selbstzweifeln unterdrücken? Ich versuche in göttlicher Zufriedenheit zu verweilen. Wieso bin ich plötzlich von Unruhe und Panik geplagt?“

Wenn du dich auf eine Reise begibst, dann stößt du unausweichlich auf Unerwartetes. Nehmen wir zum Beispiel einmal an, du suchst nach außergewöhnlichen Perlen im Ozean. Bevor du an dein Ziel kommst, wirst du über Kilometer hinweg wirres Seegras durchtrennen müssen. Du wirst auf Raubfische jeglicher Form und Größe stoßen, die das Riff als ihr Eigentum verteidigen. Was glaubst du denn, wer du bist, um hier einfach so eindringen zu können?

Aber da du fest entschlossen bist, an dein Ziel zu gelangen wirst du keine Mühe scheuen ihnen aus dem Weg zu gehen, sie zu beseitigen, sie zu umgehen, über ihnen zu stehen oder dich sogar mit ihnen anzufreunden. Was auch immer notwendig ist, du wirst es tun. Du gibst nicht auf und lässt dich auf den Meeresgrund sinken. Du geiferst nicht voller Empörung herum: „Niemand hat mir gesagt, dass ich auf so etwas treffen werde, bevor ich die Perlen finde." Nein, stattdessen tauchst du weiter nach dem Schatz. Dein Ziel zieht dich wie ein Magnet an, bis du die Perlen in deiner Hand hältst. Eine unglaublich starke Antriebskraft in dir lässt dich weitersuchen, komme was wolle.

Ebenso machst du nicht augenblicklich kehrt, wenn du auf der spirituellen, der inneren Entdeckungsreise auf ein Hindernis triffst oder die Dinge nicht so laufen, wie du es dir vorgestellt hast. Wenn du zum inneren Mut in dir erwachst, lass deine Kraft nicht sofort wieder fahren, sobald du auf eine Herausforderung triffst. Du darfst nicht zulassen, dass dich Kleinigkeiten umhauen oder schlagartig zum Stillstand bringen. Angst kann dich um die Erfahrung deines großartigen Lebens bringen.

Auf dem spirituellem Weg kannst du dich nicht einfach von jeglicher grundlosen Angst lähmen oder entmutigen lassen. Wenn du dich beschwerst, wenn du dich ärgerst, wenn du genug hast, was geht dann mit dir vor? Du bist entmutigt, ohne Hoffnung, du bist enttäuscht und du verlierst deine Zufriedenheit. Was geschieht dann mit dir? Wie reagiert dein Körper? Was passiert mit deinem Gemüt, deinem Geisteszustand, wenn du dich entmutigen lässt und hoffnungslos bist? Du verlierst soviel dabei.

Also, was läuft ab bei dir, wenn sich ein riesiger Baumstamm mit donnerndem Getöse über deinen Weg legt? Was läuft ab bei dir, wenn eine winzige Maus dich anpiepst? Baba sagte: „Sei mutig. Mach dir nicht jedes

Mal in die Hose, wenn dich eine Maus anpiepst." Dies war eine seiner liebsten Aussagen, er wiederholte sie immer wieder.

Du musst weitergehen. Wenn du dein Ziel aufgibst, verfolgen dich Angst und Unzufriedenheit. Wenn du jedoch zum Mut in dir erwachst, lässt du dir durch nichts den Weg versperren. Du wirst deinen unbezahlbaren, inneren Schatz finden, die göttliche Zufriedenheit. Wie Bhartrihari sagt: „Oh mein Herz, sei ruhig."

EINMAL WURDE BABA MUKTANANDA GEFRAGT: „Wie kann ich es vermeiden mich mit anderen zu vergleichen und wie kann ich mit meinem Leben zufrieden sein?" Baba antwortete:

> Warum solltest du umhergehen und dich mit anderen vergleichen? Weshalb versuchst du nicht die Erkenntnis des inneren Selbst zu erlangen, das der Schöpfer von allem ist, und aus diesem Wissen zu leben? Wenn es irgendetwas gibt, womit du dich vergleichen solltest, ist es dein eigenes inneres Selbst, dein eigenes Bewusstsein. Nur dann erlangst du innere Festigkeit.[2]

Babas Antworten bringen dich stets wieder zu deinem eigenen göttlichen Bewusstsein zurück. Wenn du beständig und zufrieden bist, kannst du deinen Erfolg mit Freude genießen. Ohne Zufriedenheit verlierst du alles. Es hängt nicht davon ab, wie gescheit du bist, wie stark du bist, wie gebildet und großzügig du bist, es hängt nicht davon ab, wie reich oder wie arm du bist. Wenn du keine innere Zufriedenheit besitzt, verlierst du deine Verdienste. Du wirst immer nur sehen, wie gesegnet die anderen sind. Du machst dich verrückt, wenn du immer nur die Dinge aufzählst, die dir fehlen. Wird es jemals ein Ende geben für deinen Mangel?

So verlierst du dein Ziel und alles, was dazwischen liegt, aus den Augen. Du baust dir ein Haus voller Mängel. Das arme Haus kann kaum aufrecht stehen. Es fällt immer wieder über dir zusammen und du leidest ungemein darunter. Trotzdem baust du dir dein Haus des Mangels immer und immer wieder auf. Gleichsam wie bei einem aus Stroh reicht nur ein kleiner Funke Eifersucht und alles geht in Flammen auf. Hast du das noch nicht bemerkt?

Wenn du im Haus des Mangels lebst geht es wie folgt zu: „Ich bekomme nicht genug Liebe. Ich verdiene nicht genug Geld. Ich lerne nicht genug. Ich ruhe mich nicht genug aus. Ich bekomme nicht genug Aufmerksamkeit. Ich habe nicht genug spirituelle Erfahrungen."

Dies ist eine Geschichte, die ich über die Jahre sehr oft gehört habe. Du hast ein spirituelles Erlebnis, es ist ehrfurchterregend, herrlich, wunderbar und großartig und in diesem Augenblick sagst du: „Es ist mir völlig egal, was sonst noch alles in meinem Leben passieren wird. Dies ist das Erlebnis aller Erlebnisse! Jetzt weiß ich, dass dieser Weg funktioniert, dass der Guru echt ist und dass die Lehre der Wahrheit entspricht."

Dann bekommst du mit, dass jemand anderes auch ein erstaunliches Erlebnis hatte und er oder sie es obendrein auch noch gut in Worte fassen kann! Was passiert dann mit dir? Du bist entmutigt und denkst: „Ich kann nicht gut meditieren. Ich kann nicht gut singen. Und überhaupt, Baba hat mich eh nie geliebt. Ich hatte mir wahrscheinlich nur eingebildet, dass er mich lieben würde. Andere haben mir auch gesagt, dass ich mir nur etwas vorgemacht hätte, und sie haben wohl recht gehabt. Was ich jetzt brauche, ist noch ein spiri-tuelles Erlebnis. Dann werde ich garantiert wissen, dass dieser Weg wahr ist. Dann werde ich wissen, dass das, was die Swamis sagen, die Wahrheit ist." Auf diese Art und Weise laufen deine Gedanken immer weiter.

Dann hast du noch ein Erlebnis und du sagst: „Oh, mir ist großes Glück beschieden. Ich bin so zufrieden. Oh Guruji, ich werde bis zum Ende meines Lebens zu deinen Füßen liegen. Ich widme mein Leben der Seva! Wozu ist das Leben denn überhaupt da? Es ist dazu da um zu dienen!"

Doch dann gehst du zu einem Meditationsprogramm. Nach dem Singen und Meditieren steht ein Sprecher auf und posaunt in den Raum: „Ich befand mich in diesem tiefen, blauen Ozean und Gott stand mir gegenüber. Er lächelte mich an und ich verschmolz mit diesem Lächeln. Ich verlor mich in Ihm. Da war nichts mehr von mir übrig, nur noch der tiefe blaue Ozean Gottes. Jetzt weiß ich, dass ich Gott bin. Ich bin Gott!"

Und du denkst: „Hmmm." Ein Funke Eifersucht und alles geht in Flammen auf.

Weißt du, was das Komische an der Sache ist? Nur deine Verdienste werden zu Asche, deine Mängel jedoch verbrennen nicht. Deine Tugenden sind vernichtet, aber deine Unzufriedenheit wächst dir über den Kopf. Weil du soviel Zeit damit verbringst das zu erhaschen, was du nicht hast, können deine Hände nur unerfüllte Wünsche festhalten. Sie sind nicht offen dafür die zahllosen Segnungen und die Fülle an Gnade in Empfang zu nehmen, die dir geschenkt werden. Zufriedenheit bleibt dir ein Rätsel.

Wie kannst du einen Ort finden, an dem es sich besser leben lässt? Wie kannst du dir Mut verschaffen um diese vertraute Welt der Unzufriedenheit zu verlassen? Wie kannst du das Haus des Mangels loswerden? Erinnere dich an Babas Worte: Erreiche Stabilität. Wenn du dich mit etwas oder jemandem vergleichen musst, dann vergleiche dich mit dem göttlichen Bewusstsein. Strebe nach dem Höchsten, strebe nach dem Besten. Du erlangst Beständigkeit, wenn du die Herrlichkeit des Selbst betrachtest. Sei ruhig und verankere dich in deinem eigenen Herzen.

Die Pracht und Herrlichkeit deines Herzens ist mit nichts auf dieser Welt vergleichbar. Wenn dein Herz offen ist und wenn du in deinem Herzen sein kannst, nimmst du den Sonnenaufgang, die Bäume und die Berge auf außergewöhnliche Weise wahr. Es ist ein einzigartiges Erlebnis! Tausende von Menschen mögen dasselbe betrachten wie du, wenn sie jedoch nicht in Berührung mit ihrem Herzen stehen, empfinden sie aller Wahrscheinlichkeit nach nicht das, was du empfindest. Was zeigt uns das? Bewusstsein lodert in seiner ganzen Fülle im Herzen. Natürlich pulsiert Bewusstsein in den Bergen, in der Wüste, in den Bäumen, in den Tieren, in den Vögeln, im Wasser und im Feuer. Bewusstsein ist überall. Doch lodert es in seiner ganzen Fülle nur im Herzen. Führe deine Aufmerksamkeit immer und immer wieder zurück zur Herrlichkeit deines Herzens. Wenn dein Herz Zufriedenheit erfährt, dann erkenne, dass Gott gegenwärtig ist.

NEULICH SANN ICH AN EINEM MORGEN über die Natur göttlichen Lichts. Ich dachte darüber nach, wie wir einschlafen und wieder aufwachen. Der Zyklus von Einschlafen und Aufwachen vollzieht sich, solange der Körper am Leben ist. Dagegen hört das göttliche Licht nie auf zu scheinen, es erlischt niemals. Es ist für immer und ewig in seiner prächtigsten und zärtlichsten Form wach. Es schwingt sowohl in seiner sichtbaren wie auch in seiner unsichtbaren Gestalt. Wenn die Sonne aufgeht, sagen wir es ist Tag. Das Licht lässt alles scheinen. Die Welt wird sichtbar, weil sie leuchtet. Wenn die Sonne untergeht, sagen wir, es ist Nacht. Das göttliche Licht dagegen ist immer gegenwärtig. Das Licht der Sonne ist auch im Mond und in den Sternen gegenwärtig. Es existiert in den Bäumen, in den Planeten und im Wind. Das göttliche Licht schimmert immer und ewig in jedem Teilchen von Bewusstsein. Es ist im Einklang mit der universellen Seele. Das unsterbliche, ewige Licht, das voll von der höchsten Wahrheit schwingt, existiert in allem.

Als ich über das göttliche Licht nachsann, war ich voller Staunen von seiner unglaublichen Schönheit, Reinheit, Einfachheit, Großartigkeit, Bescheidenheit und Großzügigkeit ergriffen. Dieses wundervolle Licht geht über das Fassungsvermögen des Verstandes und aller Worte hinaus. Gleichzeitig ist es die Quelle der Eingebung für jede Form von Ausdruck.

Einige Minuten später öffnete ich zufällig eine Sammlung von Kontemplationen und stieß dabei auf eine wunderbare Beschreibung vom Webstuhl des Lebens und wie das Weben niemals aufhört. Das Muster, das gewebt wird, wenn die

Sonne untergeht, wird immer noch gewebt, wenn die Sonne am nächsten Morgen wieder aufgeht.

Verhält es sich nicht genauso mit unserem eigenen Dasein? Der Webstuhl des Lebens erschafft so viele unterschiedliche Gewebe: Du magst wach sein oder schlafen. Du magst denken, dass du glücklich oder traurig bist. Du magst fühlen, dass du große Dinge im Leben erreicht hast, oder dass es nichts gibt, das du jemals erreichen könntest. Du magst glauben, dass du alles hast, was du brauchst, oder dass du kein Glück hast und am Ende immer mit leeren Händen dastehst. Und doch schimmert stets hinter all diesem Auf und Ab im Innen wie auch im Außen das göttliche Licht. Es hält die Ordnung des Universums aufrecht.

Durch Meditation wirst du dir des göttlichen Lichtes bewusst. Wenn du dir erlaubst still zu werden, wenn du dich deinem Atem hingibst, findest du dich in deinem eigenen Herzen wieder. Diese erstaunliche Erfahrung machst du, wenn du dich zur Meditation setzt. Wenn du dich nach und nach an die Praxis der Meditation gewöhnt hast, wirst du dich eines Tages auf dein *Āsana,* dein Meditationstuch, setzen und in dein Herz, dein feinstoffliches Herz, das das Innerste deines Wesens ist, eintreten. Der Zweck des Lebens und das Ziel der inneren Reise ist es, die göttliche Herrlichkeit des Herzens zu erfahren. Dieses Herz ist die Quelle des Mutes und der Zufriedenheit.

Baba Muktananda wurde einmal gefragt: „Könntest du uns das Geheimnis enthüllen, wie man am besten den Zugang zum eigenen Herzen findet?"

Baba antwortete: „Dazu ist die Meditation da. Der Zweck von Shaktipat und Meditation liegt genau darin uns in unser Herz eintreten zu lassen. Du wendest dich nach innen, du bündelst die Kraft deines Geistes und führst ihn zum Herzen."[3]

Nimm die sanfte Anstrengung wahr, die damit verbunden ist: Führe deinen Geist zum Herzen. Baba fährt fort: „Es ist großartig, wenn du in dein Herz eintreten kannst. Es ist das wichtigste Zentrum unseres Wesens, es gibt keinen anderen Ort, der mit dem Herzen vergleichbar ist."[4]

Ich liebe es, wie Baba die Dinge beim Namen nennt: „Dazu ist die Meditation da." Er sprach mit solch einer Freiheit. Aus ihm sprachen die heiligen Schriften, er sprach über die heiligen Schriften und er sprach aus seiner eigenen Erfahrung. Er machte alles auf eine wunderbare Weise zugänglich. Es machte die *Sadhana* so schön, einfach in seiner Gegenwart zu sein. Selbst heute noch kannst du sein Bild anschauen und du erkennst, dass du nichts als Reinheit siehst. Du kannst sein Bild anschauen und du weißt, du befindest dich in Meditation. Selbst wenn es dir morgens nicht möglich ist zu meditieren, schau einfach sein Bild an bevor du zur Arbeit gehst. Dein ganzer Tag wird anders verlaufen. Baba wird zu dir kommen. Er geht in der Tat mit dir zur Arbeit.

Es ist großartig, wenn du in dein Herz eintreten kannst.

ES GIBT EIN SCHÖNES *Bhajan,* das Baba sehr gern sang. Es stammt vom Heiligen Tikadas, der im Norden Indiens lebte.

> Der Herr durchdringt jede Zelle meines Körpers.
> Wenn er mir so nahe ist,

warum sollte ich anderswo hingehen um Ihn zu finden?
Er ist unergründlich, endlos, unsichtbar und ewig.
Er erleuchtet den Geist edler Menschen.
Die Schriften können seinen Glanz nicht vermitteln.
Er ist der Wohnort von *Sacchidānanda*:
Existenz, Bewusstsein und absolute Seligkeit.
Tika sagt, mein Guru ist *Nirañjana*, vollkommen rein.
Durch seine Gnade fühle ich mich geheiligt,
ich erfahre die Göttlichkeit meines eigenen Wesens.
Der Herr durchdringt jede Zelle meines Körpers.

„Der Herr durchdringt jede Zelle meines Körpers. Wenn er mir so nahe ist, warum sollte ich anderswo hingehen um Ihn zu finden?" Das ist genau das, was geschieht, wenn du über deinen Atem meditierst, wenn du über den Herrn in deinem Innern, über das göttliche Licht, meditierst, du entdeckst Ihn in dir selbst.

Im Siddha Yoga stellt sich die Meditation spontan durch Gnade ein. Unter dem Schutz der Gnade des Gurus ist es dir möglich das Licht deines Herzens zu erfahren und die Heiligkeit deines eigenen Wesens zu erkennen. Ebenso wie der Atem ein und ausgeht, so wirst du das göttliche Licht innen und außen erblicken. Hinter den Schwankungen deines Lebens liegt etwas sehr Beständiges und Greifbares, es ist immer gegenwärtig. Es ist das göttliche Licht, das ununterbrochen in jedem Teilchen des Bewusstseins existiert.

Nimm dir einen Moment Zeit und richte deine Aufmerksamkeit auf deinen Atem. Bring die folgenden Gedanken in dein Bewusstsein: *Ich bin Licht. Ich bin Bewusstsein.* Hinter allem

Auf und Ab deiner Gedanken schimmert ständig das göttliche Licht. Es bildet die Basis deines ganzen Wesens.

Ich bin Licht. Ich bin Bewusstsein. Das göttliche Licht schläft nie. Es ist immer wach, leuchtend, zart, rein und großzügig. Es erleuchtet das Herz und den Geist zu jeder Zeit.

Ich bin Licht. Ich bin Bewusstsein. Wenn du den Sonnenaufgang, die wunderschön schimmernde Sonne betrachtest, kannst du die Sonne einatmen und die Sonne ausatmen. Mach diese Erfahrung: Atme die Sonne ein und atme die Sonne aus. Stell dir den Sonnenaufgang vor. Die Farben sind wunderschön, zart, heilend und faszinierend. Atme die Sonne ein, atme die Sonne aus.

Entdecke die Herrlichkeit deines Herzens. Es schimmert vor göttlichem Licht. Es ist die Quelle des Mutes und der Zufriedenheit. Lass die Sonne dein ganzes Wesen durchdringen. Lass deinen ganzen Körper von diesem göttlichen Licht schimmern. Lass das warme Glühen der Sonne deinen Geist entspannen; lass das warme Glühen deinen Körper entspannen.

Baba sagt: „Führe deinen Geist zum Herzen.“ Atme die Sonne ein, atme die Sonne aus. Lass dein ganzes Wesen mit dem Licht der Sonne verschmelzen. Innen und außen, ein wunderbares Licht. Das Licht ist voll und ganz im Körper. Das Licht existiert in seiner Fülle außerhalb des Körpers. Die Form des Körpers löst sich auf und vereint sich mit dem göttlichen Licht. Lass dein ganzes Wesen vor göttlichem Licht schimmern.

Verweile in der Zufriedenheit des göttlichen Lichts.

ERWACHE ZUM MUT IN DIR und sei von göttlicher Zufriedenheit durchdrungen. Du bist hierher gekommen um eine innere Reise zu machen. Du bist hierher gekommen um das Licht in dir zu entdecken. Du bist hier um dich in der höchsten Wahrheit deines Herzens zu verankern. Führe deine Reise fort, egal wie vielen Hindernissen und Herausforderungen du begegnest. Habe Mut. Verweile in der Zufriedenheit des göttlichen Lichts.

Danke, dass du hier bist in deinem eigenen Herzen. Wann immer ich dir danke, dann ist es nicht für eine äußerliche Handlung. Ich danke dir, weil du dir die Zeit genommen und dir die Mühe gemacht hast dein eigenes Herz zu entdecken, bei deinem Herzen zu sein, dein Herz wahrzunehmen und dich in deinem Herzen zu verankern. Wenn du mit deinem Herzen in Berührung kommst, ist es mir wahrhaftig möglich dir zu danken. Dieses „Dankeschön" ist nicht nur eine Formalität, es entspringt aus unserem Vereintsein. Danke dafür, dass ihr mit eurem Herzen hier seid, so zart und voller Verlangen, so erfüllt von dem Wunsch zu verstehen, einfach zu verstehen. Ich danke einem jeden von euch. Danke.

20. DEZEMBER 1997
Palm Springs, Kalifornien.

WENN DU DICH SCHLIESSLICH von deiner Unsicherheit, den negativen Eigenschaften und ungewissen Gefühlen verabschiedest, empfindest du eine große Freiheit. Für diese Entscheidung bedarf es keiner dramatischen Ansprache. Es ist ganz einfach: Du triffst die feste Entscheidung, nicht an ein kleinmütiges Leben gebunden zu sein und nicht von Angst und ihren Abkömmlingen wie schlechte Gewohnheiten, Kleinlichkeit und Argwohn bestimmt zu werden. Wenn du diese Entscheidung triffst, wirst du sehr viel mehr Raum in deinem Wesen entdecken. Dann kannst du wieder frei durchatmen! Dann gibt es mehr Raum für die Herrlichkeit Gottes in dir, mehr Raum für gute Gedanken. Deine guten Gedanken müssen nicht mehr aus dir herausgequetscht werden, sie können aus dir heraus tanzen!

Wenn du endlich die Entscheidung triffst, dich nicht länger von negativen Eigenschaften leiten zu lassen, empfindest du eine große Freiheit. Das Gefühl der Knechtschaft verschwindet. Während die göttliche *Kundalinī Shakti* durch deinen Organismus strömt, werden innere Blockaden beseitigt.

Wenn du ein für alle Mal den Entschluss fasst, dass du dich nicht länger von Widrigkeiten überwältigen lässt oder dir durch sie eine Meinung über dich selbst und den Rest der Welt aufzwingen lässt, erfährst du eine große Erleichterung. Du wirst dich großartig fühlen. Die Freude der Furchtlosigkeit erinnert dich an die Herrlichkeit Gottes und an den großen Segen, der dein Leben erfüllt.

Es stimmt, dass du, wenn du furchtlos bist, aus jeder Zelle deines Körpers himmlische Musik vernehmen kannst. Dein Körper verwandelt sich in ein auserlesenes Musikinstrument, durch das Gott atmet, spielt und tanzt! Wo auch immer du hingehst, strahlst du Hoffnung aus. Diejenigen, die von Sorgen ergriffen sind, werden erleichtert. Deine Gegenwart wird wahrhaftig zur Verkörperung der Herrlichkeit Gottes. Alles, was du tust, erschafft eine Atmosphäre des Wohlbefindens auf diesem Planeten, im Innern wie in der Außenwelt.

Warum verpflichtest du dich also nicht dir selbst gegenüber, die Freude der Furchtlosigkeit zu beherzigen? Fasse den wunderschönen Entschluss, die Herrlichkeit Gottes wieder zu entdecken. Wenn du das getan hast, nimmst du den Segen wahr, der sich unablässig in deinem Leben entfaltet.

28. DEZEMBER 1996
Shri Muktananda Ashram
South Fallsburg, New York

KAPITEL 8

SEI STANDHAFT, ERFASSE *deinen eigenen* INNEREN MUT

HIER IN DER WÜSTE befinden wir uns im Schutz der kraftvollen Gegenwart der San Jacinto Berge. Wir haben die Berge in das goldene Licht der Morgensonne getaucht gesehen. Wir haben sie in Mondlicht gekleidet gesehen. Wir haben sie gekrönt von Regenbogen und von Wolken jeglicher Art gesehen. In jeder dieser Stimmungen ertönt aus ihrer majestätischen Gegenwart für uns die eine Botschaft: *Erwache zum Mut in dir und sei von göttlicher Zufriedenheit durchdrungen.* Diese Botschaft ist in sich selbst ein Berg aus Gnade und beschenkt uns mit dem wunderbaren Hinweis: Sei standhaft, erfasse deinen eigenen inneren Mut.

Das Leben schickt uns zahllose Einladungen unseren inneren Mut zu erfassen. Könnte ein Baby aufstehen und seine ersten Schritte tun ohne zuvor Mut zu fassen? Könnte ein Kind ohne Mut zum ersten Mal ein Klassenzimmer voller fremder Gesichter betreten? Könnte ein junger Erwachsener zu seinem ersten Vorstellungsgespräch gehen ohne Mut zu fassen? Bedarf es nicht eines mutigen Herzens um am Sterbebett einer älteren Person zu sitzen? Selbst das ruhigste und gelassenste Leben erfordert den Mut deines Herzens, nicht nur einmal, sondern viele Male. Das Leben zwingt dich immer wieder in unerforschte Territorien vorzudringen. Das kann dir niemand abnehmen. Du musst den Mut in dir selbst finden. Es ist dein Mut.

Welche Rolle spielt dabei die Standhaftigkeit? Wie wichtig ist sie? Stell dir vor, du besteigst einen Berg und hängst in einer steilen Felswand. Was lässt dich durchhalten?

Wenn du nicht ganz so weit gehen willst, stell dir vor, wie du einen Baum erkletterst oder eine lange Leiter hinaufsteigst. Stell dir vor, auf einem straffen Seil zwischen zwei Klippen zu balancieren. Du bist mit ganzem Herzen dabei. Du bist da draußen und der Wind bläst. Dein Gleichgewicht kommt ins Wanken. Du bist schon zu weit um wieder umzukehren und der Wind wird stärker. Was kannst du in solch einem Moment tun?

Auf diese Frage gibt es nur eine Antwort: Wähle einen festen Punkt an deinem Zielort und richte deine Aufmerksamkeit voll und ganz darauf. Halte dich daran fest. Das Gleichgewicht liegt in dir selbst. Es rettet dich, wenn deine gesamte Aufmerksamkeit auf das Ziel gerichtet ist. Dich rettet deine Willenskraft weiterzugehen. In solchen Zeiten kannst du nicht schwanken, du kannst nicht wankelmütig sein. Du musst stark sein. Alle werden dir den selben Ratschlag geben. Aber was sagen sie wirklich? Im Grunde genommen sagen sie, dass du zu deinen eigenen inneren Hilfsquellen erwachen und sie schätzen lernen sollst. Lebe sie. Verlasse dich auf sie. Sie sagen dir: Sei standhaft, erfasse deinen eigenen inneren Mut.

Das Leben ist voller kritischer Situationen. Früher oder später erkennst du, dass du dich an dem festhalten musst, an das du glaubst, an dem, was du geben möchtest und was du erreichen musst und was du sein willst. Jeder von euch weiß dies instinktiv. Um etwas zur Vollendung zu bringen, brauchst du die Kraft der Standhaftigkeit. Ein spanisches Sprichwort lautet: *El que persevera, alcanza:* Wer standhaft ist, gelangt ans Ziel.

STANDHAFTIGKEIT BEDEUTET WÖRTLICH beständig und hingebungsvoll an etwas festzuhalten. Du bindest dich an etwas, du verankerst dich daran. Standhaftigkeit bedeutet dich voll und ganz einer Aufgabe zu widmen. Sie beinhaltet, dass du eifrig, entschlossen und voller Vertrauen bist und dass du nicht schwankst, unbeirrbar bist und dich nicht ablenken lässt.

Auf dem spirituellen Weg hat die Standhaftigkeit sogar noch weitere Bedeutungen. Sie ist das Ziel, das alle anderen Ziele ermöglicht. Aber um Standhaftigkeit wirklich zu verstehen, musst du einen großen geistigen Sprung vollziehen. Es reicht nicht aus, lediglich darüber nachzudenken. Wie kann man Standhaftigkeit verstehen lernen? Sie ist recht subtil. Wenn du einen Berg besteigst, hast du etwas sehr Solides und Greifbares, an dem du dich festhalten kannst. Auf dem spirituellen Weg jedoch scheinen deine Stützen unsichtbar zu sein. Sie werden auf der physischen Ebene nicht wahrgenommen. Die Sinnesorgane sind nicht wirklich in der Lage, sie zu erfassen. Mit nichts Greifbarem, an dem man sich festhalten kann, kann es leicht passieren, dass man im Morast der Gedanken stecken bleibt. Es kann ein richtiger Sumpf sein. Einerseits herrschen Zweifel, die einem Schwimmen im Matsch gleichkommen. Andererseits kommt es zu dogmatischem Verhalten, das genauso viel Schlamm verursacht.

Bist du schon einmal auf die Gefahren gestoßen, die auftreten können, wenn die Lehre dogmatisch aufgefasst wird? Manchmal hören die Leute: „Sei standhaft, erfasse deinen eigenen inneren Mut. Sei standhaft bei deinen spirituellen Übungen." Und sie laufen damit in die falsche Richtung. Wir folgen zum Beispiel in unseren Siddha Yoga Ashrams einem schönen, geregelten Tagesablauf. Dieser wurde von Baba Muktananda eigenhändig entworfen, um alle spirituellen Übungen in ein Gleichgewicht zu bringen und damit die Suchenden das Beste aus ihrer Zeit im Ashram machen können. Ein Siddha Yoga Meditationsashram ist wie ein ewig andauerndes Retreat, an dem die Menschen teilnehmen um ihre Zeit ausschließlich spirituellen Übungen zu widmen. Sie füllen sich im Ashram mit der göttlichen Energie der Übungen an und nehmen diese Energie dann mit zu sich nach Hause. Der Tagesablauf ermöglicht es ihnen, sehr früh morgens aufzustehen um zu meditieren. Noch bevor der Tag anbricht wird die morgendliche *Āratī* zelebriert und ist die Meditation angesetzt, danach folgt das Singen der *Guru Gītā*. Dann gibt es Frühstück, Seva, den Mittagsgesang, danach Mittagessen, Ruhepause, Nachmittagsseva, die abendliche *Aratī*, Abendessen, Abendgesang und schließlich frühe Bettruhe. Dieser Ashramtagesablauf hat etwas sehr Schönes. Er ist eines von Babas Meisterwerken.

Allerdings versuchen manche Menschen im Namen der Standhaftigkeit, den gesamten Ashramtagesablauf in ihren Alltagablauf aus Arbeit, Haushalt und Familie hineinzuquetschen. Aber ist das Standhaftigkeit im Yoga? Nein. Woran kannst du das erkennen? Du wirst auf die eine oder andere Art zusammenklappen. Entweder hast du ein schlechtes Gewissen oder deine Arbeit leidet darunter. Du fängst an deine Übungen zu hassen oder deinen Partner. Oder vielleicht beides. Im

Sumpf eines falsches Verständnisses kannst du den Verstand verlieren. Standhaftigkeit ist viel feiner als du denkst.

Du musst einen vernünftigen Weg für die Fortsetzung deiner Sadhana im täglichen Leben finden. „Wähle eine oder zwei deiner Lieblingsübungen aus", sagte Baba immer, „und praktiziere sie regelmäßig." Widme dem, was du tust, deine volle Aufmerksamkeit und führe es in einer für alle passenden Geschwindigkeit aus. Dein Tagesablauf und der deiner Familie, beide sind wichtig.

Es gibt Menschen, die sich im Namen der Standhaftigkeit mit Schlankheitskuren zu Tode hungern oder zu Tode trainieren. Sie denken, sie seien in besonderem Maße standhaft. Doch dies, meine Lieben, nennt man zwanghaftes Verhalten, nicht Standhaftigkeit.

WIE KANNST DU SIE AUSFINDIG MACHEN, Standhaftigkeit, diese erstaunliche Eigenschaft? Es ist nicht leicht, sie auf Anhieb zu verstehen. Einerseits willst du nicht steif wie ein Brett und andererseits willst du auch nicht wie loses Geröll sein, das bei der leichtesten Erschütterung den ganzen Abhang herunterrollt. Wahre Standhaftigkeit sprüht vor Biegsamkeit. Sie bringt das Allerbeste in dir zum Vorschein. Sie verankert dich an deinen guten Eigenschaften.

Können wir noch weitere Fehlinterpretationen dieser Tugend, die Standhaftigkeit heißt, abbauen? Standhaftigkeit bezeichnet das goldene Mittelmaß, das perfekte Gleichgewicht. Schließt das auch völlige Disziplin ein? Nun, bei Standhaftigkeit geht es nicht einfach darum, unbedingt und regelmäßig alle täglichen Aufgaben zu erledigen. Es geht hier auch nicht um Pünktlichkeit. Dies sind ohne Frage gute Eigenschaften und sie sind auch von großem Nutzen in deinem Leben. Dies ist jedoch nicht das, was wir meinen, wenn wir über Standhaftigkeit vom Standpunkt der Spiritualität aus reden. Wir haben mit einem Prozess des Ausschließens begonnen, um diese wesentliche und unentbehrliche Eigenschaft zu verstehen. Wir haben gesagt, Standhaftigkeit sei nicht dieses und nicht jenes. Hier könne man sie nicht finden und dort existiere sie auch nicht. Schritt für Schritt werden wir uns mehr Klarheit über die wahre Bedeutung und den Wert von Standhaftigkeit verschaffen.

Wo kommt Standhaftigkeit her und wie kann man sie erreichen? Standhaftigkeit ist *Antarsthiti,* ein innerer Zustand. Sie besitzt keine äußere Stütze. Sie ist nicht ohne weiteres zu erkennen. Andere Eigenschaften wie Großzügigkeit und Demut verfügen über mehr Mittel, sich nach außen darzustellen. Zur Großzügigkeit zum Beispiel gehört das Geben. Diese Eigenschaft kannst du sehen und klar erkennen. Wahre Demut ist auch nicht zu übersehen. Aber die Standhaftigkeit verfügt über keine Mittel der äußeren Zurschaustellung und deshalb wirst du für sie nicht umgehend Komplimente erhalten. Standhaftigkeit ist eine Säule im Inneren. Du bist die Stärke. Du bist der Berg des Mutes.

Dein Atem besitzt wahre Standhaftigkeit. Trotz allem Auf und Ab in deinem Leben fließt dein Atem stetig ein und aus, ein und aus. Du weinst vielleicht, aber der Atem fließt immer noch ein und aus. Vielleicht lachst du gerade, aber der Atem fließt weiter. Du bist wach und der Atem fließt weiter. Du schläfst und der Atem fließt weiter. Du bist glücklich und der Atem fließt weiter. Du ärgerst dich und der Atem fließt weiter. Du magst diese Welt nicht und der Atem fließt immer noch weiter. Du liebst diese Welt und der Atem fließt immer weiter. Der Atem ist so standhaft. Diese Standhaftigkeit des Atems erhält dich am Leben. Sie ist dein verlässlichster Freund. Durch den Atem kannst du deine eigene Stärke erfahren.

Neulich gab mir jemand Ausdrucke von Computerdarstellungen des Brustkorbs und Zwerchfells. Eine Abbildung zeigte, wie sie bei voller Einatmung aussehen und die andere zeigte, wie sie aussehen, wenn alle Luft ausgeatmet wurde. Die Rippen hatten eine silbergraue Farbe. Durch die Rippen hindurch scheinend konnte man eine Spur von rosaroter Farbe erkennen. Das war das Zwerchfell. Diese Abbildung des Brustkorbes war wunderschön, wirklich faszinierend. Sie teilte uns etwas sehr Wichtiges mit: Es existiert etwas Leuchtendes in deinem Brustkorb! Denke beim Ein- und Ausatmen daran, dass es die gleiche rosarote Färbung des Sonnenaufgangs auch in deinem Brustkorb gibt.

WENN ICH AN STANDHAFTIGKEIT DENKE, denke ich zugleich an Baba. Er war die Verkörperung der Standhaftigkeit. Einmal wurde er gefragt: „Ist es in Ordnung den Guru in schwierigen Situationen um Hilfe zu bitten?“

Baba antwortete: „Es ist in Ordnung den Guru in schwierigen Situationen um Hilfe zu bitten, aber es ist besser deine Schwierigkeiten in Nektar zu verwandeln und dann zu versuchen diesen Nektar mit größter Freude anzunehmen. Es ist äußerst wertvoll und wichtig, dass du deine eigenen Schwierigkeiten annimmst.“ [1]

„Verwandle deine Schwierigkeiten in Nektar“, was für ein wunderbarer Auftrag von Baba! Was für eine vollendete Aufforderung. Diese Antwort ist dein ganzes Leben wert. Sie gibt dir einen entscheidenden Hinweis darauf, was der wahre Sinn der Standhaftigkeit im Yoga ist. Yoga ist der Prozess, den wir durchlaufen um inneren Nektar fließen zu lassen. Dieser entspringt aus den spirituellen Übungen. Spirituelle Übungen lassen die Standhaftigkeit zum Leben erwachen.

Standhaftigkeit bedeutet an Gottes Liebe festzuhalten, ganz gleich was sich in deinem Leben abspielt. Du hältst an der Liebe Gottes und an der Wahrheit fest. Du lenkst deine Gedanken zur göttlichen Energie, zur *Kundalinī Shakti,* der erhabenen Kraft. Diese innere Kraft ist unantastbar. Du sammelst all deine geistige Kraft und richtest sie auf die Füße des Herrn aus. Wenn sich alles in deinem Leben um Gott dreht, gleichsam wie ein Rad sich um seine Achse dreht, dann lebst du beständig in der Erfahrung der Standhaftigkeit. Du bist fest in deinem Innern verankert. Dies ist die Bedeutung der Standhaftigkeit auf dem spirituellen Weg: Du richtest deine Gedanken auf die innere Weisheit. Standhaft zu sein bedeutet, an der lebensspendenden Energie festzuhalten, wenn sich bestimmte Situationen ergeben und auflösen, aufkommen und wieder abebben, kommen und gehen. Standhaftigkeit ist die innere Säule, die Schwierigkeiten in Nektar verwandelt.

Du kannst den Widerhall dieser unerschütterlichen Ausrichtung und Entschlossenheit in den Gedichten vieler

Heiliger hören. Das ist das Geheimnis, das sie uns durch ihre Gebete mitteilen. Die Heilige Mirabai konnte selbst in den schmerzhaftesten Situationen das Licht Gottes in ihrem Herzen aufflammen lassen. Sie war so standhaft, dass nichts ihren Blick von Gottes Füßen abbringen konnte. Sie schreibt: „Oh mein geliebter Krishna, färbe mein Tuch mit Deiner Farbe." Obwohl das Tuch für den Körper steht, spricht Mirabai hier über ihr eigenes Wesen: „Oh Krishna, färbe mein ganzes Wesen mit deiner Farbe. Töne mein Herz mit der Farbe deiner Liebe."

Die Heiligen aller Traditionen beten zu Gott um diese unerschütterliche Ausrichtung aufrecht erhalten zu können. Ein berühmtes Gedicht der Heiligen Teresa von Avila bringt vollendete Standhaftigkeit zum Ausdruck. Du kannst ihre jahrelangen spirituellen Übungen aus jedem Satz heraus hören. Du kannst die tiefe Weisheit spüren, die sie aus den Schwierigkeiten des Lebens errungen hat. Das Gedicht ist Nektar.

> Lass dich durch nichts beunruhigen,
> lass dir von nichts Angst machen.
> Alles geht vorüber.
> Gott ändert sich nie.
> Geduld erreicht alles.
> Wer Gott hat, dem fehlt es an nichts.
> Gott allein reicht aus.
> *Solo Dios basta.*[2]

Wenn du einen Goldbarren in der Hand hältst, fühlst du dich reich und finanziell abgesichert. Du weißt, dass du immer darauf zurückgreifen kannst, egal wo du dich befindest, sein

Wert wird immer anerkannt. Auf die gleiche Weise erreichst du eine außergewöhnliche Sicherheit, wenn du dich auf den Herrn, auf die Liebe Gottes konzentrierst und der Wahrheit dienst. Du gewinnst tiefstes Vertrauen und eine überirdische Kraft. Es ist eine innere Sicherheitsreserve, die immer für dich da ist, wenn du sie brauchst.

Ohne diese Ausrichtung geben selbst intelligente und talentierte Menschen klein bei, sobald sich eine Schwierigkeit in ihrem Leben auftut. Sie können einfach nicht damit umgehen, weil sie keine Ahnung haben, worauf sie wirklich vertrauen können. Sie haben sich nie darin geübt, ihr Vertrauen auf das zu setzen, was sich niemals ändert.

Die Heilige Teresa sagt: „Gott ändert sich nie." In der *Bhagavad Gitā* heißt es, dass das höchste Selbst unveränderlich ist. Mit anderen Worten: Lerne dem zu vertrauen, was in deinem Brustkorb leuchtet. Sei standhaft und erfasse deinen eigenen inneren Mut.

DER HEILIGE JNANESHWAR MAHARAJ sagt: „Standhaftigkeit ist der Mut, mit dem ein Mensch die klare Sicht der Welt nicht aus den Augen verliert, selbst wenn der Himmel über ihm zusammenbrechen sollte."[3]

Diese Art von Standhaftigkeit kann nur auf eine einzige Weise erreicht werden, nämlich allein durch die spirituellen Übungen. Ich weiß, ihr wartet auf etwas Besonderes, eine Zauberformel, und hier ist sie! Jeder, der die Übungen mit ganzem Herzen macht, hat ihren Zauber erfahren und weiß, dass sie mit Nektar gefüllt sind. Du sitzt zur Meditation und das Mantra wirbelt alle möglichen Dinge in deinem

Bewusstsein auf: göttliche Gedanken, nicht so göttliche Gedanken, edle Gedanken, nicht so edle Gedanken. Ganz gleich aber, was aufgewühlt wird, du bringst deine Gedanken immer wieder sanft zum Namen Gottes zurück. Manchmal sehen Leute Bilder, wenn sie die Augen zur Meditation schließen. Sie haben Visionen. Einige dieser Visionen haben sie gerne, andere haben nicht so gerne. Es kommt wirklich nicht darauf an, welche Bilder in dir auftauchen. Du hältst mit deinen Gedanken an der Liebe Gottes fest. Du übst Standhaftigkeit. Du führst deine Gedanken zurück zu Gottes Namen. Ein Suchender, der Gott liebt, hat es wie folgt ausgedrückt:

> Oh Herr, möge Dein Name auf meinen Lippen sein
> Mögest Du meine Meditation sein,
> morgens so wie abends.
> Möge ich mich immer an Dich erinnern,
> ununterbrochen, Tag und Nacht.
> Mögen meine Gedanken immer auf Deine Füße
> ausgerichtet sein.

Was auch immer in deinem Geist aufkommt, öffne dein Herz der Energie Gottes, die durch deine Gedanken fließt. Gib dich der Meditation hin. Jedes Mal, wenn du diese Art von Gottesdienst ausführst, hast du ein weiteres Samenkorn der Standhaftigkeit in dein Lagerhaus der Tugenden eingebracht.

Baba Muktananda spricht über die Standhaftigkeit aus eigener Erfahrung. Er sagt: Kraft fließt durch dein ganzes Wesen, wenn du Gott in deinem Herzen eingesetzt hast. Diese Kraft ist die Macht des höchsten Selbst. Sie ist äußerst fein und erhaben.[4]

Stell dir einmal vor, du setzt Gott in deinem Herzen ein! Wenn du etwas Schönes besitzt, suchst du dafür den besten Ort, einen Ort, an dem es sicher und rein aufgehoben ist. Stell dir vor einen solchen Platz für Gott zu finden. Wo würdest du den Herrn unterbringen? Wo wäre der geeignetste Ort? Baba sagt, setze Gott in deinem Herzen ein und große Kraft wird durch dein ganzes Wesen fließen.

Wenn du einen schönen Gegenstand besitzt und ihn an seinen idealen Platz stellst, schaut er dort genau richtig aus und du erfreust dich an seiner Schönheit. Jeder, der dich in deinem Hause besucht, wird ihn bewundern. Jedoch wirst du dadurch nicht stärker. Deine Tugenden werden auf diese Weise nicht stärker. Wenn du jedoch Gott in deinem Herzen einsetzt, erhältst du so vieles. Du bekommst alles, wonach du suchst. Göttliche Energie fließt reinigend durch dich hindurch. Wenn du Gott in deinem Herzen einsetzt, fließt Kraft durch dein ganzes Wesen. Dann bist du fähig, allen Herausforderungen mit einer Haltung, die vom Nektar der Lehre getränkt ist mutig zu begegnen. Du bist fähig, alle Situationen mit deinem von Gnade erfüllten Verstand abzuschätzen und dabei die klare Sicht der Dinge, von der Jnaneshwar spricht, im Auge zu behalten. Du bist fähig, das Wesentliche aus jeder Schwierigkeit herauszuziehen. Dann kannst du vom Nektar der Schwierigkeiten trinken und dich von seiner Weisheit nähren lassen. Baba sagt: „Verwandle deine Schwierigkeiten in Nektar." Wenn du Standhaftigkeit besitzt, kannst du eben dies tun. Und wenn du es tust, erreichst du noch mehr Standhaftigkeit.

Setze Gott in deinem Herzen ein. Erlaube deinem ganzen Wesen, in Gottes Liebe einzutauchen. Vertraue voll und ganz auf Gottes Liebe und lebe von diesem Ort aus. Dann wirst du, selbst ohne es zu bemerken, standhaft und ergreifst deinen eigenen inneren Mut.

27. DEZEMBER 1997
Palm Springs, Kalifornien

ALS SCHÜLER DES SPIRITUELLEN WEGES hast du dich auf eine außergewöhnliche Abenteuerreise begeben. Du lebst vielleicht nicht in einer Höhle im Himalaya. Du lebst vielleicht auch nicht mit einem Guru und ganzen zwei weiteren Schülern an einem abgelegenen Ort dieser Erde. Du hast wahrscheinlich auch nicht das Gelübde *Brahmacharya* oder *Sannyāsa* abgelegt, Gelübde, nach denen du dein ganzes Leben ausschließlich in den Dienst Gottes stellst. Trotzdem bist du auf dem spirituellen Weg. Du folgst deiner Sadhana. Dieser Weg lodert im Feuer der *Kundalinī Shakti.* Wer auch immer diesen Weg beschreitet wird gereinigt. Wenn eine Person gereinigt wird, geschieht vieles mit ihrem Körper, ihrem Geist und ihren Gefühlen. Alle möglichen Veränderungen finden statt.

Manche Menschen haben sehr heftige spirituelle Erfahrungen, andere haben sehr subtile. Manchmal ist der Prozess sehr körperlich und offensichtlich, manchmal sehr sachte. Manchmal findet dieser Prozess der sich entfaltenden *Kundalinī* auf einer solch tiefen Ebene in deinem Innern statt, dass du erst Jahre später wahrnimmst, was eigentlich vor sich geht. Du schaust zurück und sagst: „Ich fühle mich so anders. Ich fühle mich großartig. Mein Leben hat sich völlig verändert."

Im Laufe deines Lebens verrichtest du so vieles. Was auch immer du tust, ob du in Stille über die Lehre nachsinnst oder sie in die Tat umsetzt, ob du beim Einschlafen oder beim Kochen an die Lehre denkst, ob du die Lehre in die Umgebung mitnimmst, so dass sie leuchten kann, wenn andere sich streiten, oder ob du die Lehre einfach vor dich hin summst, wenn du spazieren gehst, es ist sehr wichtig, dass du die Quelle des Wissens unaufhörlich aus deinem Innern hervorsprudeln lässt. Das ist die wahre Reinigung, das wahre

Ritual, Du erlaubst dir selbst dich fortwährend in der Quelle des Wissens, die deinem Innern entspringt, reinigen zu lassen.

Natürlich bist du manchmal traurig und manchmal in Schwirigkeiten. Manchmal bist du voll und ganz mit Schwierigkeiten beschäftigt und manchmal voller Ekstase. Diese Schwankungen werden immer da sein. Niemand behauptet, dass du sie nicht haben sollst. Niemand behauptet, dass du ein Opfer, eine schreckliche Person oder nicht erleuchtet bist, wenn du diese Schwankungen erlebst. Es bedeutet nicht, dass du noch einen langen Weg zu gehen hast oder dass du keine spirituelle Person oder kein edler Mensch bist. Nein. Du bist edel. Du bist erleuchtet. Du bist spirituell. Du bist rücksichtsvoll und gütig. Du bist eine tugendhafte Person. Du bist ein wahrer Mensch, wenn du dir erlaubst, dich in der Quelle des Wissens, die deinem Innern entspringt, zu reinigen. Du hast dieses Wissen in dir. Du hast es wirklich.

Immer und immer wieder haben Menschen, die diesen Weg gehen, die klassischen und außergewöhnlichen Erfahrungen dieses unglaublichen Wissens gemacht. Wo kommen diese Erfahrungen her? Sie kommen von der Quelle des Wissens, die ununterbrochen im Innern entspringt. Dieses Wissen kommt aus dem Innern. Komm also zu diesem inneren Ort, komm in dein wahres Heim.

Wenn es sich herausstellt, dass du dich vor intensiven spirituellen Erfahrungen, wie sie Baba Muktananda in *Spiel des Bewusstseins* beschreibt, fürchtest, dann habe so viel Angst, wie du magst. Es ist in Ordnung, wenn du an solchen Erfahrungen zweifelst. Zweifle an ihnen mit jeder Faser deines Herzens. Zweifle voll und ganz an ihnen. Wenn dich der Gedanke an spirituelle

Erfahrungen beunruhigt, dann sei beunruhigt. Heiße deine Unruhe willkommen. Wenn dich solche Erfahrungen ärgern, dann geh und ärgere dich.

Vergiss nicht, dass du hier in diesem Leben bist um Sadhana zu machen und um etwas zu lernen, das du vorher nicht gewusst hast. Du bist hier um mehr mitzunehmen als du bisher gekannt hast. Großartiges existiert wie ein Meer in dir. Wieso solltest du dich wie ein Fisch ohne Wasser, der sich unter der heißen Sonne im Sande windet, verhalten? Schau, das Wasser ist nur einen Millimeter weit entfernt. Spring hinein!

Verstehe, dass dieser Weg das brennende Feuer der *Kundalinī Shakti* ist. Die Kruste der Unreinheit fällt von dir ab. Dies ist kein Weg für verzagte Menschen. Dieser Weg ist für die Mutigen.

29. Juni 1997
Shri Muktananda Ashram
South Fallsburg, New York

KAPITEL 9

STANDHAFT *wie* EIN BERG

WENN DU DIE BERGE BETRACHTEST und wenn du den Mond aufsteigen oder die Sonne untergehen siehst, empfindest du eine sanfte und erstaunliche Stille. Du möchtest diese Stille immer und immer wieder genießen. Gibt es einen Weg zu dieser Stille, ohne in die Berge zu gehen, ohne den Mondaufgang betrachten und ohne sich an einen besonderen Ort begeben zu müssen? Einfach dort, wo du gerade bist?

Ja, es gibt diesen Weg. Bei jedem Satsang, jedes Mal, wenn du andere triffst, um mit der Wahrheit und dem göttlichen Wissen zusammen zu sein, bist du fähig, diese sanfte und erstaunliche Stille wieder zu erschaffen. In dieser Stille wächst du in deiner Spiritualität und daher auch in deiner Liebe. Wie entsteht diese Art von Stille? Es ist die Kraft der Gleichgesinnten, die Kraft der Meditation, die Kraft des Mantras und die Kraft des Singens, die diese sanfte und außergewöhnliche Stille erschaffen. Wenn du diese Stille in der Luft hören kannst, erfährst du deine eigene Standhaftigkeit.

BABA MUKTANANDA brachte die Tradition des indischen Schrifttums in den Westen. Baba erweckte die indischen Schriften für viele, viele Menschen zu neuem Leben. In einem dieser Texte, dem alten *Sāma Veda* heißt es:

> Oh Mutiger, der du nach einem erfüllten Leben strebst, stell dich den Widrigkeiten und überwinde die Hürden. Deine innere Macht ist unangreifbar. Du wirst

> zweifelsohne Wohlstand erlangen. Vernichte deine Unwissenheit durch deine eigene Kraft. Werde zum Meister all deines Handelns!

Baba wiederholte dies oft: „Werde zum Meister all deiner Handlungen. Werde zum Meister deiner Sinne." Wenn Baba über diese innere Kraft sprach, sagte er auch:

> Es ist sehr wichtig für einen Menschen, dass seine *Kundalinī* erweckt wird. Sie ist eine Kraft, eine Schwingung, eine außergewöhnliche Energie. Sie ist die Seele eines jeden Menschen und seine Lebenskraft. Sie ist die bewusste Kraft, die seine Sinne steuert. Sie ist das, was den Verstand begeistert und zum Nachdenken anregt. Siddha Yoga lehrt, dass unser ganzes Universum von der erhabenen Shakti durchdrungen ist.[1]

Baba hat immer und immer wieder gerne gesagt: „Dieses ganze Universum ist von der großen Shakti durchdrungen." Seine Worte über die Shakti sind direkt und sehr kraftvoll. Wenn die *Kundalinī Shakti* in deinem Innern erwacht ist, findet etwas sehr Bedeutsames statt: Du wirst standhaft und du kannst deinen inneren Mut erfassen. Du wirst zu einem Berg der Standhaftigkeit.

Es ist ein großer Segen standhaft zu sein, insbesondere in dieser vergänglichen Welt, in der alles ständig Veränderungen unterworfen ist. Innerhalb eines kurzen Augenblickes können Situationen entstehen und wieder vergehen. Manchmal fühlt sich der Alltag wie Treibsand an. Baba hat Suchende immer davor gewarnt, ihr Leben auf die vergänglichen Dinge dieser Welt zu bauen.

Einmal kam jemand mit einem besonderen Geschenk für Baba, zum Gurudev Siddha Peeth, nämlich mit der allerneuesten Taschenlampe. Als Baba sich das Geschenk anschaute, sagte der Besucher: „Baba, sie hat Garantie auf Lebenszeit."

Baba schaute sie sich genau an und fragte mit einem Lächeln: „Für welche Lebenszeit wird garantiert – für meine oder für die der Taschenlampe?"

In dieser vergänglichen Welt Standhaftigkeit zu erreichen, ist nicht selbstverständlich. Sie ist ein unschätzbarer Segen. Wenn diese Standhaftigkeit, diese wahre Entschlossenheit sich in deinem tiefsten Innern regt, entdeckst du, dass das Zentrum der Kraft und der Stabilität in dir selbst ist. Sie hilft dir dem Druck und dem wechselhaften Geschehen der äußeren Welt standzuhalten. Nicht einmal der stärkste Sturm kann solch einen Berg der Standhaftigkeit umwerfen.

Die Heilige Mirabai fleht den Herrn an, er möge sie doch ganz und gar mit seiner Liebe durchtränken, so dass sie allen Widrigkeiten standhalten kann. Sie singt:

> Oh, mein geliebter Krishna,
> färbe mein Tuch mit Deiner Farbe.
> Färbe mein Wesen mit Deiner Farbe.
> Färbe mein Leben mit Deiner Farbe.
> Ich will es nicht rot oder gelb gefärbt haben.
> Gib meinem Tuch eine Tönung,
> die genau Deiner eigenen entspricht.
> Färbe mein Tuch mit einer dauerhaften Farbe,
> so dass es niemals die Farbe verliert,
> egal wie oft es vom Wäscher geschrubbt wird.

In diesem Zitat symbolisiert der Wäscher unser weltliches Leben. Egal, wie viele Schwierigkeiten oder Ablenkungen es gibt, wir bitten: „Oh Herr, mach diese Farbe sehr widerstandsfähig und lass sie Du selbst sein."

> Oh Krishna, färbe mein Tuch in Deiner Farbe.
> Solange Du mein Tuch nicht mit Deiner Farbe
> einfärbst,
> werde ich nicht heimgehen.
> Ich werde für immer hier bleiben.
>
> Mira sagt:
> Mein geliebter Shri Krishna, der Betörende,
> der einen ganzen Berg
> auf seinem kleinen Finger balancierte.
> Govardhana, mein Blick ist ausschließlich
> auf die Füße des Herrn gerichtet.
> Oh, mein geliebter Krishna,
> färbe mein Tuch mit Deiner Farbe.
> Färbe mein Herz in der Tönung Deiner Liebe.

MIRABAI BESCHREIBT hier eine tiefe innere Sehnsucht, die mit der erwachten *Kundalinī* in uns aufsteigt. Viele Ehrfurcht einflößende Erfahrungen finden statt, wenn diese göttliche Energie erweckt ist. Eine bemerkenswerte Verwandlung geschieht im Inneren. Du kannst ihre Geheimnisse nie in einer den Verstand befriedigenden Weise begreifen, so dass er seine bevorzugten Begründungen und Vorstellungen heraufbeschwören kann. Diese Verwandlung ist ein alchemistischer Vorgang. Er findet einfach statt. Dann kannst du ihn beobachten, du kannst ihn schätzen lernen und letzten Endes kannst du selbst zu dieser schönen Erfahrung werden.

Baba Muktananda liefert ausführliche Beschreibungen dieses alchemistischen Prozesses in seiner spirituellen Autobiographie *Spiel des Bewusstseins.* Mit großer Erfurcht und Hochachtung spricht Baba von den kraftvollen Meditationserfahrungen, die sich als Bestandteil des göttlichen Werkes der erweckten *Kundalinī,* für ihn entfalteten. Für viele Menschen, die meditieren, verläuft dieser Erweckungsprozess jedoch sehr subtil. Jeder Suchende erfährt das, was seinem Temperament, seiner Verfassung und seinem Wissen entspricht. Mach dir also keine Gedanken darüber, ob du für diese intensiven Erfahrungen, die Baba beschreibt, geeignet bist. Du sollst dich aber auch nicht vor ihnen fürchten und hoffen, dass all das *nicht* mit dir geschieht. Die *Kundalinī Shakti* ist eine überaus intelligente Kraft. Sie wird in deinem Innern nur das geschehen lassen was für dein spirituelles Wachsen notwendig ist. Vertraue daher darauf, dass die *Kundalinī* genau weiß, was gut für dich ist.

Wenn du singst machst du vielleicht sehr feine und zarte Erfahrungen, denn diese Übung reinigt die Chakras, die spirituellen Zentren, im Inneren. Wenn du schon des Öfteren gesungen hast, hast du sicher bemerkt, wie kraftvoll diese Übung ist, vor allem wenn du vorher meditiert hast. Kürzlich, sangen wir alle bei einem Programm nach der Meditation *Om Namah Shivaya.* Ich hatte dabei eine Vision von Berggipfeln, die den ganzen Raum ausfüllten. Der Klang des Gesangs kam aus der Tiefe des Gebirges und stieg durch die Gipfel zum Himmel empor. Dann kam der Klang zu uns allen zurück. Diese Erfahrung war so schön, ich hätte noch lange, lange Zeit bleiben und weitersingen können.

Durch spirituelle Übungen wie das Singen erkennst du, dass die Tugend der Standhaftigkeit in dir wächst. Sie steht fest wie ein Berg in dir verwurzelt. Egal, was du tust oder wohin du gehst, diese Kraft ist dann immer bei dir. Du spürst, dass deine Wirbelsäule sehr stark ist. Dir wird vielleicht zum ersten Mal in deinem Leben bewusst, dass du ein Rückgrat besitzt. Du fühlst dich standhaft.

Ein japanischer Weiser hat einmal gesagt: „Auf dem Gipfel des Berges ist die ganze Welt in meinem Bewusstsein. Auf dem überfüllten Marktplatz trage ich den Berg unter meinem Gewand." Standhaftigkeit ist nicht nur ein mentales Konzept. Sie ist die Beständigkeit deines innersten Wesens.

Hatha Yoga hilft dir auch deinen Körper auf den Nektar der Standhaftigkeit vorzubereiten. Wer ernsthaft Hatha Yoga macht, kann eine warme, sanfte Energie im Körper spüren. Es ist wie eine Welle aus Hitze, die aus dem innersten Kern deines Wesen aufsteigt und sich über den ganzen Körper ausbreitet. Diese warme Energie unterstützt und schmiert alle Gelenke. Sie verleiht dir außerdem eine Schutzhülle des Friedens und großes inneres Vertrauen. Je nachdem wie tief dein Bewusstsein während der Übungen nach innen geht, nützen sie dir. Im Hatha Yoga geht es nicht darum, ein paar Zentimeter von der Taille oder ein paar Pfunde zu verlieren. Nach der klassischen Tradition des Yoga kommt es auf die inneren Errungenschaften an.

Baba sagte, dass die Körperstellungen des Hatha Yoga aus der Meditationserfahrung von Weisen vor Tausenden von Jahren kommen. Während sie meditierten machten ihre Körper viele Verrenkungen. Daraus entwickelten die Weisen die Hatha Yoga Stellungen. Wir können uns sehr glücklich schätzen, dass uns diese Übungen heute zur Verfügung stehen. Wir können uns darin üben den Atem zu stabilisieren und unseren Organismus zu stärken, sodass unser Körper zu einem goldenen Gefährt werden kann.

Tatsache ist, dass nichts in der äußeren Welt von Dauer ist. Körperliche Schönheit vergeht mit der Zeit. Du wirst älter und der Körper verändert sich. Es ist unvermeidlich. Doch das Gefühl innerer Größe wächst und erstarkt mit der Zeit und durch ständiges Üben.

Sei standhaft. Beherzige deinen eigenen inneren Mut. Mut und Standhaftigkeit werden nur durch Übung dein Eigen. Es gibt keine Abkürzung auf dem Weg zu Gott.

EINMAL HÖRTE EINE FRAU von einer himmlischen Mangofrucht. Von dieser göttlichen Nahrung wurde behauptet, dass sie dich sehr schnell ans Ziel im Yoga und mühelos in die Meditation bringt. Wie viele Menschen in unserer modernen Zeit war diese Frau auf einen schnellen Erfolg aus. Sie dachte: „Das ist genau das, was ich brauche." Sie fragte überall herum: „Hast du von der himmlischen Mango gehört? Weißt du, wo ich sie finden kann?"

Nach vielen Wochen der Suche sagte ihr jemand: „Es gibt da einen ekstatischen Weisen namens Shabir. Geh zu ihm. Er besitzt diese Frucht."

„Wo lebt er?", fragte sie.

„Er lebt in einem Kloster in der Wüste."

Es vergingen Wochen, bis sie bei dem Kloster angelangt war. Kaum eingetreten, trug sie ihre Bitte vor: „Oh

Shabir, ich habe gehört, du bist im Besitz der göttlichen Mango. Bitte gib sie mir jetzt sofort!"

Shabir sagte: „Bleibe hier mache ein wenig *Japa* und singe."

„Wie lange?"

„So lange, wie nötig", war die knappe Antwort.

„Ich habe so viel zu tun. Ich habe wirklich keine Zeit", antwortete sie, blickte auf die Uhr und befragte ihren Terminkalender. Sie verließ das Kloster mit der Überzeugung, dass dies nicht der richtige Ort für sie war und dachte, dass dieser Mann gut daran täte etwas über Zeitmanagement zu lernen.

Jahre vergingen, aber wo auch immer die Frau war und was auch immer sie tat, die himmlische Mango ging ihr nicht aus dem Kopf. Aus Enttäuschung machte sie schließlich ein wenig *Japa* und sang auch ab und zu. Manchmal meditierte sie sogar. Mit der Zeit gab sie sich mehr und mehr den spirituellen Übungen hin. So betete und meditierte sie dreißig Jahre lang, immer in der Hoffnung, dass sie eines Tages die himmlische Mango bekommen werde.

Eines verheißungsvollen Tages traf sie auf einen sehr weisen Mann. Er erkannte ihr Dilemma und sagte: „Ich weiß, wer im Besitz der göttlichen Mango ist."

„Du weißt es?"

„Ja, es ist Shabir."

„Shabir? Der, der im Kloster in der Wüste lebt?" Und nun erzählte sie ihm die ganze Geschichte.

Der weise Mann lächelte und sagte: „Geh zu ihm und bitte ihn noch einmal um die Frucht."

Sie machte sich wieder auf den Weg. Als sie am Kloster ankam, schmolz ihr Herz dahin. Alles funkelte. Sie wusste nicht, ob ihr alles so glänzend erschien, weil sie weinte oder weil alles so unglaublich edel war. Ihr Herz war von Ekstase ergriffen. Ihr ganzes Wesen verschmolz mit der schimmernden Energie des Klosters. Schließlich begab sie sich zu Shabir. Sie kniete vor ihm nieder, faltete die Hände und sagte: „Oh Shabir, bin ich es jetzt wert, die himmlische Frucht zu empfangen?"

Sie war sehr überrascht, als Shabir mit dem Kopf nickte und ihr die Frucht überreichte.

Als sie die Mango in den Händen hielt, schien es, als ob die Frucht lebendig sei. Sie atmete. Sie leuchtete wie die aufgehende Sonne. Ihr Duft war betörend. Sie anzufassen war als würde man den Himmel berühren. Sie in den Händen zu halten war wie im Himmel zu sein. Die Frau war in Ekstase. Wehmütig flüsterte sie: „Shabir, warum hast du mir diese Frucht nicht gegeben, als ich dich das erste Mal aufgesucht hatte?"

Shabir lächelte und sprach voller Sanftmut: „Meine gute Frau, als du das erste Mal kamst, hattest du keine Zeit. Du warst in großer Eile. Du konntest nicht einmal für eine kleine Weile hier bleiben." Dann deutete er auf einen Baum und sagte: „Dieser Baum trägt alle dreißig Jahre Früchte. Du hast deine Sadhana gemacht. Dreißig Jahre sind vergangen. Die Mango ist reif und gehört nun dir."

UM EIN LEBEN LANG SPIRITUELLE ÜBUNGEN zu machen, erfordert es die Begeisterung der Standhaftigkeit. Der

Heilige Johannes vom Kreuz, ein bedeutender Mystiker Spaniens, sagt:

> Denk immer daran, dass du zu nichts anderem hierher gekommen bist, als zum Heiligen zu werden; daher lass nichts in deiner Seele regieren, was dich nicht zur Heiligkeit führt.

Welch eine Standhaftigkeit! Du beherzigst den Mut in deinem Innern wenn du nach dem Höchsten strebst. Du verehrst Gottes Schöpfung mit dem Wissen, dass sie göttliches Bewusstsein ist. Du bewegst dich voller Vertrauen in der inneren Welt mit der Gewissheit, dass du den versteckten Schatz finden wirst. Du wagst es, das innere Geheimnis zu enthüllen. Du eröffnest dir selbst die goldene Gelegenheit, in Gottes Liebe aufzugehen.

In einer alten indische Schrift, der *Tantrāloka,* wird von der enormen Kraft gesprochen, die freigelegt wird, wenn sich ein Suchender entschlossen um Befreiung bemüht. Im *Tantrāloka* heißt es:

> Wenn ein Yogi sich vollständig dafür einsetzt die Last seines begrenzten Bewusstseins abzustreifen, dann lässt ihn die lodernde Energie der göttlichen Shakti die innere Herrlichkeit des höchsten Bewusstseins, nach der er strebt, erfahren.

Die lodernde Energie erscheint in der Gestalt wohlwollender Gnade. Sie ist eine Form der Liebe des Gurus. Diese lodernde Energie ist die gewinnbringendste Kraft. Sie explodiert in der tiefsten Höhle des Herzens. Daher erscheint für dich alles strahlend, wenn du Shaktipat erhältst. Du siehst mehr Schönheit in allem. Du nimmst Dinge wahr, die du vorher nie gesehen hast.

Im *Tantrāloka* heißt es, dass unsere Entschlossenheit fest und bestimmt sein muss. Das bedeutet, dass wir ganz und gar entschlossen sein müssen, uns aus den Fesseln der trügerischen Einbildung zu lösen, wir seien von Gott getrennt. Diese Täuschung, das Gefühl der Trennung von Gott, ist die ursächliche Fessel, die uns gefangen hält. Sobald du anfängst, eigene Anstrengungen unternimmst, steigt die *Kundalinī Shakti* auf und vereinigt sich mit deinem Bemühen. Wenn die Energie der *Kundalinī* erwacht ist und du deine Übungen verrichtest, dann treffen die Energie und deine Übungen zusammen und es kommt es zu einer Explosion in deinem Innern.

Im Alltag kannst du ein ähnliches Phänomen beobachten. Wenn du wirklich schätzt, was in deinem Leben geschieht, spürst du die liebliche, schöpferische Energie aufsteigen, die deine Bedürfnisse im Leben erfüllt. Dann kannst du aus tiefer Überzeugung sagen: „Gott ist bei mir. Das Universum unterstützt mich. Gott steht mir bei."

Wenn du den Mut in deinem Innern wach rufen kannst und alles, was du tust, mit diesem Bewusstsein verrichtest, dann bleibst du ruhig und unbekümmert angesichts auftretender Schwierigkeiten. Dein Herz ist beschützt, wenn all deine Handlungen aus dem großen See der Standhaftigkeit erstehen. Die Kraft der Standhaftigkeit und des Mutes ist in der Tat phänomenal.

In *Spiel des Bewusstseins* schreibt Baba Muktananda:

> Nachdem ich einmal diese Kugel von nicht offenbartem Licht gesehen hatte, verlor ich alle Furcht. Das ist der Zustand der Befreiung von der individuellen Existenz. Seitdem ist mein Mut sehr gewachsen und ich kenne keinerlei Furcht mehr. Ich habe vor nichts mehr Angst. Ich denke nie daran, was geschehen wird. Ich mache mir keine Sorgen, was ein anderer tun wird. Der Ort der Furcht in mir ist zerstört worden. Ich habe völlige Furchtlosigkeit erlangt.[2]

Vielen Menschen genügt es diese Worte zu lesen und schon verspüren sie Furchtlosigkeit. Einfach nur von Babas Furchtlosigkeit zu hören, verleiht ihnen bereits Stärke. Babas Worte machen sehr deutlich, dass durch Ausdauer bei den spirituellen Übungen Standhaftigkeit in dein Leben kommt. Du kannst deinen eigenen inneren Mut wahrnehmen, wenn du dich auf die überaus starke Kraft in deinem Innern konzentrierst.

Denke immer daran, dass mutig zu sein bedeutet, ehrlich zu dir selbst zu sein. Achte darauf, was du denkst. Achte darauf, was du sagst. Achte darauf, was du tust. Lass dich vom großen See der Standhaftigkeit inspirieren. Sei standhaft und beherzige den Mut in deinem Innern. Werde zum Berg.

28. Dezember 1997
Palm Springs, Kalifornien

EPILOG

Mögest du am Abend beim Einschlafen
von der Kraft des Mutes erfüllt sein
und den süßen Geschmack der göttlichen Zufriedenheit kosten.
Mögest du am Morgen von Mut erfüllt erwachen
und den süßen Geschmack der göttlichen Zufriedenheit kosten.
Mögest du dich mit der Begeisterung des Mutes
deinen spirituellen Übungen hingeben
und den süßen Geschmack der göttlichen Zufriedenheit kosten.
Mögest du den Verpflichtungen deines Familienlebens
mit der Inspiration des Mutes nachkommen
und den süßen Geschmack der göttlichen Zufriedenheit kosten.
Mögest du mit Hilfe der Kraft des Mutes
dein Leben diszipliniert führen
und den süßen Geschmack der göttlichen Zufriedenheit kosten.
Mögest du mit dem Licht des Mutes
den Ansprüchen eines jeden Augenblicks gerecht werden
und den süßen Geschmack der Zufriedenheit kosten.
Mögest du mit der Energie des inneren Mutes
das Leben deiner Träume führen
und von göttlicher Zufriedenheit durchdrungen sein.
Mögest du durch die Erleuchtung des Mutes
den Zweck deiner Geburt erfüllen
und von göttlicher Zufriedenheit durchdrungen sein.
Mögest du zum Mut in dir erwachen
und von göttlicher Zufriedenheit durchdrungen sein.

HINWEISE ZUR AUSSPRACHE IN SANSKRIT

Um den Lesefluss angenehmer zu gestalten, erscheinen die in Siddha Yoga-Büchern und -Kursen am häufigsten verwendeten Begriffe auf Sanskrit und Hindi im gesamten Text in Normalschrift und mit geringer Angleichung an die Aussprache. *Śaktipata* als Shaktipat, *sādhana* als Sadhana, und so weiter. Bei seltener verwendeten Sanskrit-Begriffen werden die lang gesprochenen Vokale im Text gekennzeichnet. Die international standardisierte Umschrift jedes Sanskrit-Begriffes ist im Glossar in Klammern beigefügt.

Für Leser, die mit Sanskrit nicht vertraut sind, sind die folgenden Hinweise als Aussprachehilfe gedacht.

Vokale

Im Sanskrit gibt es lange und kurze Vokale. In der deutschen Umschrift werden die langen Vokale durch einen Querstrich über dem Buchstaben gekennzeichnet und doppelt so lang gesprochen wie ein kurzer Vokal, *e, ai, au* and *o* werden immer lang ausgesprochen.

Kurz:	Lang:	
a wie in Wald, kalt	*ā* wie in Vater, Gabe	*ai* wie in Mais, Laib
i wie in Schiff, Riss	*e* wie in Wert, Weg	*au* wie in Haus, Maus
u wie in Fluss, Mund	*ī* wie in Tiger, Liebe	*ū* wie in Mut, Tugend
	o wie in Lob, Sohn	

Konsonanten

Der Hauptunterschied in der Aussprache von Sanskrit und von Deutsch besteht in den Hauchlauten und in den Lauten, die retroflexiv, d.h. mit zurückgebogener Zungenspitze gebildet werden.

Bei den gehauchten Buchstaben klingt deutlich ein *h* mit. Der Sanskrit Buchstabe *kh* wird wie *guck* her ausgesprochen, das *th* wie in selbstherrlich, das *ph* wie in Schlapphut.

Bei der Aussprache der Retroflexe berührt die nach oben gebogene Zungenspitze den harten Gaumen; *ṭ* zum Beispiel wird in etwa ausgesprochen wir Tor.

Zischlaute sind *ś, ṣ* und *s*. Das *ś* wird als *sh* ausgesprochen wie in Schiff, wobei die Zunge jedoch das Gaumensegel berührt, während beim *ṣ* - ebenfalls wie *sh* ausgesprochen - die Zunge den harten Gaumen berührt, etwa wie in Schuh. Das *s* wird wie in Sand ausgesprochen.

Weitere charakteristische Konsonanten sind:

c wie tsch in Klatschen	*ṃ* ist ein kräftiger Nasallaut
ñ wie in Cañon	*ḥ* ist eine starke Aspiration
ṛ etwa wie in Dritt	

Ausführliche Ausspracheanleitung finden Sie in
Der Nektar des Singens, *herausgegeben von der Siddha Yoga Stiftung Schweiz.*

ANMERKUNGEN

Epigraph

1. *Bhagavad Gītā* 11.40
   namaḥ purastād atha pṛṣṭhatas te namo'stu te sarvata eva sarva anantavīryāmitavikramas tvaṃ sarvaṃ samāpnoṣi tato'si sarvaḥ

2. *Kulārṇava Tantra* 9.37
   na hī dhyānāt paro mantro na devas tvātmanaḥ paraḥ nānusandhānāt parā pūjā na hi tṛpteḥ paraṃ phalam
   Englische Übersetzung: M.P. Pandit: *Gems from the Tantras.* All India Press, Pondicherry 1975.

1. Erwache zum Mut in dir und sei von göttlicher Zufriedenheit durchdrungen

1. Daniel Ladinsky: *I Heard God Laughing.* Sufism Reoriented, Walnut Creek, Calif. 1996.
2. Swami Muktananda: *Cultivate the Self.* In: *Siddha Path,* Dezember 1981.
3. John Balguy (1686-1748), englischer Philosoph.
4. Swami Muktananda: *Sadgurunath Maharaj ki Jay.* 1975.
5. Swami Muktananda: *Conversations with Swami Muktananda.* SYDA Foundation South Fallsburg, N.Y. 1998.

Wie kommt es zur Geburt der Angst?

1. *Crest Jewel of Discrimination* 330
   yadā kadā vāpi vipaścid eṣa brahmaṇyanante'pyaṇumātrabhedam paśyathyathāmuṣya bhayaṃ tadaiva yad vikṣitaṃ bhinnatyā pramādāt

2. Meditation und Glücksempfinden

1. Swami Muktananda: *Spiel des Bewusstseins,* Siddha Yoga Verlag, Telgte 2000.
2. Daniel Ladinsky: *I Heard God Laughing.*

3. Swami Muktananda: *From the Finite to the Infinite.* SYDA Foundation, South Fallsburg, N.Y. 1994.
4. *Yajur Veda* 4.17
   eṣa te śukra tanūr etad varcas tayā sambhava bhrājam gaccha
   jūrasi dhṛtā manasā juṣṭā viṣṇave
5. *Uddhava Gītā* 9.45
   evaṃ samāhitamatiīr mām evātmānam ātmani
   vīcaṣṭe mayi sarvātman jyotirjyotiṣi saṃyutam
   Englische Übersetzung: Swami Madhavananda: *Uddhava Gītā.* Advaita Ashrama, Kalkutta 1971.
6. *Panchadashi* 9:153 von Swami Vidyaranya 14. Jahd.
   yathā gādha-nidher labdhau nopāyah khananaṃ vinā
   mal-lābhe'pi tathā svātmacintāṃ muktvā na cāparaḥ
7. Swami Muktananda: *Satsang with Baba,* Bd. 4. SYDA Foundation, Oakland, Kalif. 1978.
8. *Katha Upanishad* 2.2.22
   aśarīraṁ śarireśv anavastheṣv avasthitam
   mahāntaṃ vibhūm ātmānaṁ matvā dhiro na śocati
9. Daniel Ladinsky: *I Heard God Laughing.*

3. Tritt hervor und sei das Licht

1. Swami Muktananda: *Nothing Exists That Is Not Śiva.* SYDA Foundation, South Fallsburg, N.Y. 1997.
2. *Avadhūta Stotram 2,16*
   nirvāsanaṃ nirsanaṃ nirakankṣaṃ sarvadoṣa-vivarjitam
   nirālambaṃ nirātaṇkaṃ nityānandaṃ namāyaham
   yoga-pūrṇam tapo-mūrtim prema-pūrṇaṃ sudar'sanam
   jñāna-pūrnaṃ kṛpā-mūrtiṃ nityānandaṃ namāyaham
   Der Nektar des Singens, Siddha Yoga Stiftung, Bern 1998.
3. Swami Muktananda: Wherever You Are, Attain God. *Siddha Yoga* Bd. 9 Nr. 3, März 1981.

4. Habe den Mut, deinen eigenen Wert zu erkennen

1. *Bhagavad Gita* 4.8
   paritrāṇāya sādhūnaṃ vināśāya ca duṣkṛtām
   dharmasaṃsthāpanārthāya saṃbhavāmi yuge yuge

2. *Bhagavad Gita* 4.7
   yadā yadā hi dharmasya glānir bhavati bhārata
   abhyutthānam adharmasya tadā tmā'nam srjamyaham

5. Die immerwährende Gegenwart Gottes

1. *Atharva Veda* 19.15.6
   abhyaṃ mitrād a bhayam amitrād a bhayam jñātad abhayaṃ puro yaḥ
   abhyam naktam abhayam divā naḥ sarvā āśā mama mitram bhavantu
   Englische Übersetzung: Raimundo Panikkar: *The Vedic Experience Mantramanjari.* Darton, Longman & Todd Ltd., London 1977.
2. Swami Muktananda: *Swami Muktananda Paramahansa in Australia.* Shree Gurudev Meditation Centre, Melbourne, 1970.
3. Swami Muktananda: *Satsang with Baba* Bd. I. SYDA Foundation, Oakland, Kalif. 1974.

6. Lass dein Herz singen

1. *Rig Veda* 10.68.1
   udapruto na vayo rakṣamāṇa vavadato abhriyasyeva ghoṣāḥ
   giribhrajo normayo mandanto bṛihaspatim abhyarkā anāvan
   Englische Übersetzung: Raimundo Panikkar: *The Vedic Experience Mantramanjarī:* Darton, Longman &Todd Ltd., London 1977.
2. Swami Muktananda: *The Mystery of an All Night Chant.* In: *Baba Company,* 1981.
3. Swami Muktananda: *Magnet of Divine Vibrations.* In: *Baba Company,* 1981.

7. Auszug aus dem Haus des Mangels

1. *Vairagya-śatakam* 63
   etasmād viramendriyārthagahanād āyāsakād āśraya
   śreyomārgam aśes duḥkhaśama navyāpārad akṣaṁ kṣhaṇāt
   svātmi bhāvam upaihi saṃtyaja nijām kallolalolām gatiṁ
   mābhūyo bhaja bhaṅgurām bhavaratim cetaḥ prasīdādhunā
2. Swami Muktananda: *Ich bin zum Leben erwacht,* Siddha Yoga Verlag, Telgte 2003.
3. Swami Muktananda: *From the Finite to the Infinite.*
4. Swami Muktananda: *From the Finite to the Infinite.*

8. Sei standhaft - erfasse deinen eigenen inneren Mut

1. Swami Muktananda: *From the Finite to the Infinite.*
2. Stephen Clissold, (Hrsg.): *The Wisdom of Spanish Mystics.* New Direction Books, New York 1977.
3. *Jñāneshvari* 18.858
   Swami Kripananda: *Jnaneshwar's Gita.* SYDA Foundation, South Fallsburg, N.Y. 1999.
4. Swami Muktananda: Address at Simla. In: *Shree Gurudev Ashram Newsletter,* Juni 1973.

9. Ein Berg der Standhaftigkeit

1. Swami Muktananda: *Secret of the Siddhas.* SYDA Foundation, South Fallsburg, N.Y. 1994.
2. Swami Muktananda: *Spiel des Bewusstseins.*

WORTERKLÄRUNGEN

ABSOLUTE, DAS
Die höchste Wirklichkeit; höchstes Bewusstsein; die reine, makellose, unveränderliche Wahrheit.

AKBAR
(1542-1605) Ein großer Moghul Herrscher, der mit Geschick ein riesiges indisches Reich festigte. Durch seine administrativen Fähigkeiten, sein wohlwollendes Wesen und sein Interesse an Kultur und Religion war er sehr beliebt bei seinem Volk.

AKKAMAHADEVI
Eine ekstatische Heilige aus Südindien (zwölftes Jahrhundert). Während ihres kurzen Lebens komponierte sie viele hingebungsvolle Gedichte auf Kannada, einer südindischen Sprache.

ANTARSTHITI [*antarsthiti*]
Der innere Zustand der Standhaftigkeit.

ARATI [*āratī*]
1) Rituelle Andacht, bei der eine Flamme, Symbol der individuellen Seele, vor der Gestalt einer Gottheit, einem/einer Heiligen oder einem Bildnis als Verkörperung des Lichts des höchsten Bewusstseins, geschwenkt wird.

2) Name des Morgen- und Abendgebets in Siddha Yoga Medititationsashrams, das gesungen wird, während ein Licht zu Ehren Bhagawan Nityanandas geschwenkt wird.

ARJUNA
Einer der Helden aus dem indischen *Mahābhārata* Epos, der bekannt war für seinen Wagemut und als größter aller Krieger angesehen wurde. Er war ein Freund und Anhänger des Herrn, Krishnas, der ihm auf einem Schlachtfeld die höchsten Lehren der *Bhagavad Gītā* enthüllte.

ASHRAM [*āśrama*]
Der Wohnsitz eines Gurus oder Heiligen; ein klösterlicher Ort der Einkehr, wo Suchende sich mit spirituellen Übungen befassen und die heiligen Lehren des Yoga studieren.

ATHARVA VEDA [*atharvaveda*]
Eine der vier grundlegenden Schriften Indiens. Sie besteht aus Gebeten für die Heilung von Krankheiten und für die Wiederherstellung der Harmonie in der Welt, sowie aus Liedern, die die Kraft und Allwissenheit Gottes preisen. *Siehe auch* VEDEN.

AVADHUTA STOTRAM
[*avadhūta stotram*]
(*Avadhūta*: ein Erleuchteter) Eine Hymne, die in Siddha Yoga Meditationsashrams zum Lobpreis des großen Siddhas Bhagawan Nityananda gesungen wird.

BABA [*bābā*]
Liebe- und respektvolle Bezeichnung für einen Heiligen. *Siehe auch* MUKTANANDA, SWAMI.

BABA MUKTANANDA
Siehe MUKTANANDA, SWAMI.

BADE BABA
(*Wörtl.:* älterer Vater) Eine liebevolle Bezeichung für Bhagawan Nityananda, Swami Muktanandas Guru. *Siehe auch* NITYANANDA, BHAGAWAN.

BEWUSSTSEIN
Die intelligente, höchst unabhängige göttliche Energie, die das ganze Universum erschafft, durchdringt und aufrechterhält.

BHAGAVAD GITA [*bhagavadgītā*]
(*Wörtl.:* Lied Gottes) Einer der Schätze des spirituellen Schrifttums der Welt und eine der Hauptschriften des Hinduismus; ein Teil des *Mahābhārata* Epos, in dem Krishna, der Herr, seinen Schüler Arjuna über das Wesen Gottes, des Universums und des höchsten Selbst belehrt.

BHAGAWAN NITYANANDA
Siehe NITYANANDA, BHAGAWAN.

BHAJAN [*bhajana*]
Ein hingebungsvolles Lied zum Lobpreis Gottes in Hindi.

BIRBAL
(1528-1586) Ein genialer Philosoph, Dichter und geistreicher Kopf, der Freund und Premierminister des Königs Akbar war.

BLAUE PERLE
Ein strahlend blaues Licht von der Größe eines Samenkornes, das man in der Meditation sehen kann; der feinstoffliche Wohnsitz des inneren Selbst.

BRAHMACHARYA [*brahmacārya*]
(*Wörtl.:* einer, der Zugang zu Brahman, dem Absoluten hat) Der Status eines jungen Brahmanen, der sich in Schülerschaft befindet, und der die Einhaltung von Enthaltsamkeit und Keuschheit einschließt. Hier vor allem gebraucht zur Bezeichnung der Praxis der Enthaltsamkeit und Keuschheit zum Zweck spiritueller Disziplin.

BRAHMAN [*brahman*]
Der vedische Begriff für die absolute Wirklichkeit, das höchse Bewusstsein.

DARSHAN [*darśana*]
(*Wörtl.:* den Anblick von jemandem oder etwas haben, Sehen) Das Erblicken oder die Vision eines Heiligen; in Gegenwart eines Heiligen sein; Gott oder ein Bild von Gott sehen.

DHARANA [*dhāraṇā*]
Übung zur Konzentration des Geistes, die zur Erfahrung Gottes im Innern führen kann.

DHARMISCH
In Übereinstimmung mit der Rechtschaffenheit oder dem Dharma.

EGO
Bedeutet im Yoga begrenztes Ich-Bewusstsein, das sich mit Körper, Geist und Sinnen identifiziert. Manchmal auch als „Schleier des Leidens" beschrieben.

GOVARDHANA
Eine Name Krishnas, der von der

Legende herrührt, dass Krishna den Berg Govardhana wie einen Schirm hochgehoben haben soll, um sein Dorf vor Regenfluten zu schützen, die der zornige Indra geschickt hatte.

GOVINDA, GOPALA
Namen Krishnas, die auf die Beherrschung der Sinne und des Geistes hinweisen.

GURU [*guru*]
(*Wörtl.:* Lehrer) Ein spiritueller Meister, der in der dauernden Erfahrung des göttlichen inneren Selbst lebt, und der Wahrheitssucher sowohl einweihen, als auch auf dem spirituellen Weg zur Befreiung führen kann. Ein wahrer Guru muss in den Schriften bewandert sein und einer Traditionslinie von Meistern angehören. Siehe auch SHAKTIPAT; SIDDHA.

GURUDEV SIDDHA PEETH
Der Mutterashram der Siddha Yoga Meditation im Dorf Ganeshpuri in Indien.

GURU GITA [*gurugītā*]
(*Wörtl.*: Lied des Gurus) Ein heiliger Text bestehend aus Mantras mit über 180 Versen, der das Wesen des Gurus, die Beziehung zwischen Guru und Schüler und die Methoden der Meditation über den Guru erläutert. Die *Guru Gītā* wird in Siddha Yoga Ashrams jeden Morgen gesungen.

HAFIZ
(1326-1390) Ein Sufi aus Persien, der Hofpoet und Professor war. Ursprünglich bekannt als Shamsuddin Muhammed, wählte er Hafiz als Dichternamen. Sein Name bedeutet „derjenige, der den Koran auswendig kennt."

HATHA YOGA [*haṭhayoga*]
Körperliche und geistige Yogaübungen, die zum Zwecke der Reinigung und der Stärkung des physischen und der feinstofflichen Körper durchgeführt werden. *Siehe auch* YOGA.

JAPA [*japa*]
(*Wörtl.:* ein Gebet, das mit gedämpfter Stimme gesprochen wird) Wiederholung eines Mantras, entweder leise oder laut. *Siehe auch* MANTRA.

JNANESHWAR MAHARAJ
(1275-1296) Der bedeutendste aller Heiligen aus Maharashtra. Sein bekanntestes Werk ist die *Jñāneshwarī*, eine Erläuterung zur *Bhagavad Gītā* in Versen und in der Marathi-Sprache. Es zählt zu den bedeutendsten spirituellen Werken der Welt. *Siehe auch* BHAGAVAD GITA

KARMA [*karma*]
(*Wörtl.:* Handlung) 1) Jede Handlung - körperlich, sprachlich oder gedanklich. 2) Schicksal, das geprägt ist durch frühere Handlungen, vor allem jene vorhergegangener Leben.

KRISHNA
(*Wörtl.*: der Dunkle) Achte Inkarnation Vishnus. Er wird „der Dunkle" genannt, weil seine Haut dunkelblau ist. Die spirituellen Lehren Krishnas, des Herrn, finden sich in der *Bhagavad Gītā*. *Siehe auch* BHAGAVAD GITA.

KULARNAVA TANTRA
[*kulārṇavatantra*]
Eine althergebrachte Abhandlung über den Guru, den Schüler, das Mantra und viele traditionelle

Weisen der Anbetung und Verehrung.

KUNDALINI [*kuṇḍalinī*]
(*Wörtl.:* die Aufgerollte) die höchste Energie; die ursprüngliche Energie (Shakti), die schlafend in aufgerollter From im *Muladhara Chakra* am unteren Ende der Wirbelsäule liegt. Durch das Herabsteigen der Gnade (Shaktipat), wird diese überaus feine Kraft, die auch als die höchste Göttin beschrieben wird, erweckt, und sie beginnt das gesamte menschliche Wesen zu reinigen. Wenn die Kundalini durch den Zentralkanal aufwärts steigt, durchstößt sie die verschiedenen Chakras und erreicht schließlich den *Sahasrāra* im Scheitelpunkt des Kopfes. Dort verschmilzt die individuelle Seele mit dem höchsten Selbst und erlangt den Zustand der Gottverwirklichung. *Siehe auch* SHAKTI; SHAKTIPAT.

MANTRA [*mantra*]
Heilige Worte oder göttliche Klänge, die die Kraft haben, denjenigen, der sie wiederholt, zu beschützen, zu reinigen und zu verwandeln; Namen Gottes. *Siehe auch* OM NAMAH SHIVAYA.

MIRA, MIRABAI
Eine Königin und Heilige in Rajahstan im sechzehnten Jahrhundert. Aus Hingabe zu Krishna verliess sie den Palast und wanderte von Dorf zu Dorf und sang Lieder über seine Herrlichkeit.

MUKTANANDA, SWAMI
(1908 - 1982) Ein Siddha der heutigen Zeit. Gurumayis Guru, der auch Baba genannt wird. Auf Anweisung seines Gurus, Bhagawan Nityananda, brachte dieser große Yogi die kraftvolle und seltene Initiation Shaktipat in den Westen.

MURTI [*mūrti*]
(*Wörtl.:* Verkörperung, Gestalt, Bild) Eine Darstellung Gottes oder einer Gottheit, die durch Verehrung geheiligt und mit Leben erfüllt wird.

NACHIKETA
Eine der Hauptfiguren der *Katha Upanishad.* Als ihm Yama, der Gott des Todes, eine Gunst anbot, bat er um das höchste Wissen des Absoluten. *Siehe auch* UPANISHADEN.

NASRUDDIN, SCHEIK
Eine Figur, die im Mittelalter im türkischen Volksmund entstand und von geistigen Lehrern dazu benutzt wurde, die Winkelzüge des menschlichen Geistes zu verdeutlichen.

NERI, PHILLIP
(1515-1595) Italienischer Priester und Mystiker, der Schüler aus allen sozialen Schichten an sich zog und die Erneuerung des religösen Lebens in Rom unterstützte.

NITYANANDA, BHAGAWAN
(Gest. 1961) Ein großer Siddha – Meister, Swami Muktanandas Guru, auch bekannt als Bade Baba (älterer Baba). Er wurde bereits als Siddha geboren und lebte Zeit seines Lebens im höchsten Bewusstseinszustand. Sowohl im Gurudev Siddha Peeth in Ganeshpuri, Indien, als auch im Shri Muktananda Ashram in South Fallsburg, New York, hat Swami Muktananda einen Meditations-Tempel der Verehrung Bhagawan Nityanandas gewidmet.

OM NAMAH SHIVAYA [*oṃ namaḥ śivāya*]
(*Wörtl.: Om*, gegrüßt sei Shiva) Das Sanskritmantra der Siddha Yoga Tradition. Es wird auch als „das große erlösende Mantra" bezeichnet, weil es die Kraft hat, sowohl weltliche Erfüllung als auch geistige Verwirklichung zu gewähren. *Om* ist der Urklang, *Namah* heißt ehren oder sich verbeugen vor, *Shivāya* bedeutet göttliches Bewusstsein, Gott, der in jedermanns Herzen wohnt.

RASA [rasa]
1) Aroma, Wohlgeschmack. 2) Eine subtile Energie voller Reichtum, Süße und Entzücken.

RIG VEDA [*ṛgveda*]
Der älteste der vier Veden. Der *Rig Veda* besteht aus über tausend Hymnen, darunter jene, die die Götter des Feuerrituals beschwören. *Siehe auch* VEDEN.

SATCHIDANANDA [*saccidānanda*]
(*Wörtl.:* absolute Existenz, Bewusstsein, Glückseligkeit) In der vedantischen Philosophie die drei unsichtbaren Eigenschaften des Absoluten.

SADGURU [*sadguru*]
Siehe GURU.

SADHANA [*sādhana*]
1) Spirituelle Disziplin oder spiritueller Weg 2) Das Praktizieren geistiger und körperlicher Übungen auf dem spirituellen Weg.

SAMA VEDA [*sāmaveda*]
Einer der vier Veden. Der *Sāma Veda* ist eine Sammlung von Hymnen, die in Melodien von großer Schönheit gesungen werden. *Siehe auch* VEDEN.

SAMADHI [*samādhi*]
Zustand der meditativen Vereinigung mit dem Absoluten.

SANNYASA [*sannyāsa*]
1) Der Mönchstatus 2) Die Zeremonie und das Gelübde zur Erlangung des Mönchstatusses.

SARASWATI [*sarasvatī*]
Die Göttin der Rede, des Lernens und der Künste.

SATSANG [*satsaṅga*]
(*Wörtl.:* in der Gesellschaft der Wahrheit) Die Gesellschaft von Heiligen und Anhängern; eine Zusammenkunft von Anhängern, um zu singen, zu meditieren und spirituelle Lehren oder Lesungen anzuhören.

SELBST
Göttliches Bewusstsein, das im Menschen existiert und als Zeuge des Geistes oder reines Ich-Bewusstsein beschrieben wird.

SEVA [*sevā*]
(*Wörtl.:* Dienen) Selbstloses Dienen; Arbeit, die Gott oder einem spirituellen Meister gewidmet ist; sie wird mit Liebe, ohne Erwartung einer Gegenleistung und mit der Einstellung erledigt, dass man nicht der Handelnde ist. In Siddha Yoga Meditationsashrams ist *Sevā* eine spirituelle Übung und die Schüler versuchen, alle ihre Handlungen im Geiste einer selbstlosen Darbringung auszuführen.

SHAKTI [*śakti*]
Die göttliche Mutter, die dynamische spirituelle Energie und schöpferische Kraft des Universums. *Siehe auch* KUNDALINI.

SHAKTIPAT [*śaktipāta*]
(*Wörtl.*: Herabkunft der Gnade) Yoga-Einweihung, bei der der Siddha Guru seine vollkommen erwachte spirituelle Energie in den Suchenden überträgt und dadurch dessen schlafende *Kundalinī* erweckt. *Siehe auch* GURU; KUNDALINI.

SHANKARACHARYA
(788-820) Einer der berühmtesten Philosophen und Weisen Indiens, der durch das ganze Land reiste und die Philosophie des Advaita Vedanta, des absoluten Monismus, darlegte. Zu seinen vielen Werken gehört der *Viveka Chūdāmani* (Das Kleinod der Unterscheidung).

SHRI MUKTANANDA ASHRAM
Der Siddha Yoga Meditationsashram in South Fallsburg, New York. Er wurde 1979 als internationale Zentrale der SYDA Foundation gegründet, einer gemeinnützigen Organisation, die für die Programme und Publikationen von Siddha Yoga Sorge trägt.

SHRI [*śrī*]
Ausdruck der Ehrerbietung, der Reichtum, Wohlstand, Ruhm und Erfolg bedeutet, und der anzeigt, Herr über all das zu sein.

SIDDHA [*siddha*]
Ein erleuchteter Yogi; ein Mensch, der in dem Bewusstseinszustand der Einheit lebt; jemand, der ununterbrochen das höchste Selbst erfährt und der sich nicht mehr mit dem individuellen Ego identifiziert.

SIDDHA YOGA [*siddhayoga*]
(*Wörtl.*: der Yoga der Vollkommenheit) Ein Weg der Vereinigung des Individuums mit dem Göttlichen, der mit Shaktipat, der inneren Erweckung durch die Gnade eines Siddha Gurus beginnt. Es war Swami Muktananda, der diesem Weg den Namen Siddha Yoga gab und der ihn 1970 erstmals in den Westen brachte. Swami Chidvilasananda ist die gegenwärtige Meisterin dieser Tradition. Siehe auch GURU; KUNDALINI; SHAKTIPAT.

SWAMI
Ein Ausdruck der respektvollen Anrede für einen *Sannyāsi* oder Mönch.

TANTRALOKA [*tantrāloka*]
Ein enzyklopädisches Werk des Weisen Abhinavagupta aus dem zwölften Jahrhundert, das die Shaiva Philosophie und Übungen in allen ihren Varianten und Hinsichten enthält.

TAPASYA [*tapasyā*]
(Wörtl.: Hitze) 1) Yogische Askese 2) Das Feuer des Yoga; die Hitze, die durch spirituelle Übungen erzeugt wird.

TEMPEL
Wenn nicht anders angegeben, bezieht sich die Bezeichung „Tempel“ auf den Bhagawan Nityananda Tempel im Gurudev Siddha Peeth in Ganeshpuri, Indien, bzw. im Shri Muktananda Ashram in South Fallsburg, New York, USA.

TUKADYADAS
(20. Jh.) Heiliger aus Maharashtra, Indien; Zeitgenosse und Freund Swami Muktanandas. In der Zeit von Muktanandas Sadhana sangen diese beiden großen Yogis zusammen viele *Bhajans,* hinge-

bungsvolle Lieder, die Tukadyadas zu den Themen „spiritueller Weg“ und „Hingabe an den Guru“ komponiert hatte.

UDDHAVA GITA [*uddhavagītā*]
Ein Teil des *Shrīmad Bhāgavatam*, in dem Krishna am Vorabend seines Abschieds von der Welt seinem geliebten Schüler Uddhava letzte Unterweisungen gibt.

UPANISCHADEN [*upaniṣad*]
(*Wörtl.*: in der Nähe sitzen; geheime Lehren) Die durch Eingebung empfangenen Lehren, Visionen und mystischen Erfahrungen der alten Weisen Indiens. Diese mehr als hundert Texte übermitteln in einer enormen formalen und stilistischen Vielfalt die immer gleiche grundlegende Lehre: dass die individuelle Seele und Gott eins sind. *Siehe auch* VEDEN.

VEDEN [*veda*]
(*Wörtl.*: Wissen) Sie gehören zu den ältesten und am meisten verehrten heiligen Schriften der Welt. Die vier Veden werden als göttlich offenbarte und ewige Weisheit angesehen. Es gibt den *Rig Veda, Atharva Veda, Sāma Veda* und *Yajur Veda*.

VINA [*vīṇā*]
Ein Saiteninstrument, das Shri Saraswati geweiht ist, der Göttin der Künste und des Lernens.

VIVEKA CHUDAMANI [*vivekacūḍāmaṇi*]
(*Wörtl.*: das Kleinod der Unterscheidung) Ein philosophischer Kommentar zum Advaita Vedanta aus dem achten Jahrhundert, verfasst von Shankaracharya; erläutert die Lehre, dass Brahman, das Absolute, allein real ist. *Siehe auch* SHANKARACHARYA.

YAJUR VEDA [*yajurveda*]
Eine Schrift, deren Hymnen hinduistische Opferrituale, dazu ausgesprochene Mantren sowie Vorschriften für ihre korrekte Ausführung beinhalten. Der Überlieferung nach kontrollieren diese Formeln den harmonischen Ablauf des gesamten Universums. *Siehe auch* VEDEN.

YOGA [*yoga*]
(*Wörtl.*: Vereinigung) Spirituelle Übungen und religiöse Disziplin, die einem Suchenden zu einem beständigen und ausgeglichenen Geist verhelfen, von Bindung an Leid befreien, zur Loslösung von Anhaftungen und zu neuem Geschick bei all seinen Handlungen führen sollen. Letztendlich führt Yoga zur dauerhaften Erfahrung des Selbst.

STICHWORTVERZEICHNIS

GURUMAYI CHIDVILASANANDA

GURUMAYI CHIDVILASANANDA ist eine spirituelle Meisterin in der alten indischen Tradition des Yoga. Als Oberhaupt einer Traditionslinie von Meditationsmeistern führt sie das jahrhundertealte, ehrwürdige Werk der Weisen und spirituellen Lehrer fort, Suchenden dabei zu helfen zur eigenen inneren Größe und zur Erfahrung des universellen göttlichen Bewusstseins zu erwachen. Gurumayi folgt den Fußspuren ihres spirituellen Meisters Swami Muktananda, der die Lehre und die spirituellen Übungen der Siddha Yoga Meditation in den siebziger Jahren in den Westen gebracht hat. Er nannte seine Mission eine „Meditationsrevolution". Vor seinem Tode im Jahr 1982 ernannte Swami Muktananda Gurumayi zu seiner Nachfolgerin und weihte sie zum Swami, das heißt sie legte die Mönchsgelübde des Saraswati-Ordens ab. Swami Muktananda selbst war der Nachfolger von Bhagawan Nityananda, einem hoch verehrten Heiligen des neuzeitlichen Indiens.

Um die Lehre und die Übungen Suchenden auf der ganzen Welt nahe zu bringen, bereist Gurumayi viele Länder. Sie hat bereits Tausende von Veranstaltungen in zahlreichen Städten auf der ganzen Welt abgehalten, ebenso wie in den zwei Haupttretreatzentren des Siddha Yoga, dem Shri Muktananda Ashram in South Fallsburg bei New York und dem Gurudev Siddha Peeth in Ganeshpuri in Maharashtra in Indien.

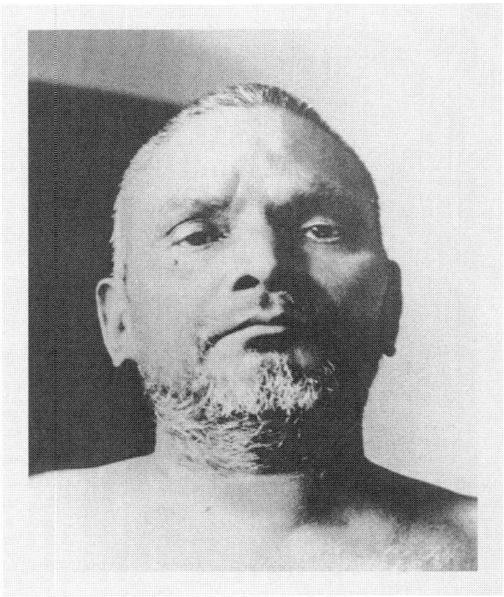

SWAMI MUKTANANDAS GURU, BHAGAWAN NITYANANDA

GURUMAYIS GURU, SWAMI MUKTANANDA

Gurumayis Werk umfasst darüber hinaus eine wohltätige Organisation, das PRASAD Projekt, das notleidende Menschen in mehreren Ländern mit medizinischer und zahnärztlicher Versorgung und Gemeinden mit Projekten zur Selbsthilfe unterstützt.

Ganz gleich wohin Gurumayi auch reist und welche Form ihre Arbeit annimmt, ihre Aufmerksamkeit richtet sich stets auf das gleiche Ziel: Gurumayi ruft überall die Menschen dazu auf, zu ihrer inneren Kraft zu erwachen und die natürliche Freude, die in ihren Herzen pulsiert, zu erfahren. „Das Licht der Wahrheit ist unendlich“, sagt Gurumayi, „und dieses unendliche Licht muss unbedingt in das tägliche Leben übertragen werden.“

WEITERE BÜCHER
herausgegeben vom Siddha Yoga Verlag

von
Swami Muktananda

SPIEL DES BEWUSSTSEINS
Eine spirituelle Autobiographie

In den dreissig Jahren seit seinem ersten Erscheinen ist Spiel des Bewusstseins zu einem klassischen Werk geworden: das Vermächtnis eines grossen spirituellen Meisters. Swami Muktananda berichtet in beispielloser Grosszügigkeit von seiner spirituellen Reise. Anschaulich und mit noch nie da gewesener Offenheit beschreibt er seine spirituelle Einweihung, das Erwachen der verborgenen Kraft, die Kundalini Shakti genannt wird und den darauf folgenden erstaunlichen Prozess der inneren Verwandlung. In der Beschreibung der mystischen Alchemie der erwachten Kundalini offenbart Muktananda viele Geheimnisse spiritueller Praxis. Vor allem aber bietet dieses Buch jedem Inspiration, der das sucht, was Muktananda gesucht hat - höchste persönliche Freiheit, die spirituelle Erleuchtung. „Dieser Weg steht jedem offen“, sagt Muktananda. Schon das blosse Lesen dieses aussergewöhnlichen Berichtes kann eine Einweihung bedeuten.

ISBN 3-930711-13-3

DER WEG UND SEIN ZIEL
Ein Handbuch für die spirituelle Reise

Welches Ziel hat unser Leben? Swami Muktananda spricht über die Natur des Lebens, das Erkennen des inneren Selbst, gibt eine Einführung in die Meditation und erklärt die Bedeutung der Erweckung der Meditationsenergie und die Aufgabe des inneren und äusseren Meisters. Er zeigt, wie die innere Reise vorangeht vom ersten Schimmer des Verständnisses bis zur schliesslichen Erkenntnis der eigenen Göttlichkeit. Dieses Buch ist besonders für all diejenigen geeignet, die nach einer grundlegenden Orientierung für ihre spirituelle Reise suchen.

ISBN 3-930711-07-9

ICH BIN ZUM LEBEN ERWACHT

Geheimnisse der inneren Reise

Swami Muktananda zeigt in diesem Buch, wie heutzutage spirituelle Praxis mit den Anforderungen des täglichen Lebens in Einklang gebracht werden kann. In seinen Darlegungen spricht er mit Hilfe von Geschichten aus heiligen Schriften und indem er Fragen von Suchenden unmittelbar beantwortet Themen wie spirituelle Disziplin, Ego, Geld, Ehe und die Situation von Eltern an.

ISBN 3-930711-29-X

DAS MYSTERIUM DES MENSCHLICHEN GEISTES

Deine Welt ist deine Schöpfung

„Gedanken bestimmen unsere Erfahrungen", sagt Swami Muktananda, „wenn wir es lernen, den Geist und die Gedankenwellen, die er erzeugt, zu kontrollieren, können wir unsere Welt in ein Paradies verwandeln." In dieser faszinierenden Erörterung über die Natur des Geistes enthüllt Swami Muktananda das yogische Verständnis von der Macht der Buchstaben, Worte, Bilder und Gedanken. Er zeigt, wie der Geist benutzt werden kann, um die Erfahrung der Welt positiv zu verändern. Er erklärt, wie das richtige Verständnis des Geistes das Leben glücklicher, freudvoller und von Liebe erfüllt werden lässt, wie man den Geist zu seinem besten Freund machen kann.

ISBN 3-930711-12-5

MEDITIERE

Das Glück liegt in Dir

„Wir meditieren nicht um ein wenig zu entspannen oder ein bisschen Frieden zu erfahren, sondern wir meditieren um unser inneres Wesen zu entfalten." Auf diesen Weg führt Swami Muktananda seine Leser. Er erklärt den Vorgang der Meditation und weckt Begeisterung dafür, diese Übung mit Ausdauer zu machen. Durch seine Worte und Lehre vermittelt er die Erfahrung der Meditation und bietet Anfängern wie auch denjenigen, die bereits mit der Meditationspraxis vertraut sind, eine unschätzbare Quelle der Weisheit und Inspiration dar.

ISBN 3-930711-22-2

VON DER NATUR GOTTES

„Verschiedene Glaubensrichtungen und Sekten argumentieren unterschiedlich und wenden jede nur vorstellbare Logik an, um ihren eigenen Gottesbegriff zu begründen. Mag jeder sagen, was er will, die unumstössliche Wahrheit ist, dass Gott existiert und seine Natur Satchidananda ist." In sechs Essays beleuchtet Swami Muktananda nicht nur die Natur Gottes, sondern auch Themen wie das Wesen der Gnade, die Guru-

Schülerbeziehung, die Wissenschaft des Mantras und die Kundalini-Erweckung. Muktananda stellt die Wege des Wissens, der Konzentration, der Hingabe und des vollkommenen Einen dar und gibt Anweisungen zur Mantra-Wiederholung.

ISBN 3-930711-27-3

EXISTIERT DER TOD WIRKLICH?

Wie wir über den Tod denken und ihm begegnen, ist im Yoga von ganz entscheidender Bedeutung. Ausgehend von den Lehren der *Bhagavad Gita* und anderen klassischen Texten ermutigt uns Baba Muktananda, über den Übergang in eine andere Phase der Existenz nachzusinnen. Er führt das Bewusstsein von der Angst vor dem Tod zu einem erweiterten und klaren Verständnis der Begriffe Samsara (Illusion), Karma (Schicksal) und Unsterblichkeit der Seele.

ISBN 3-930711-26-5

KUNDALINI

Das Geheimnis des Lebens

Die Erweckung der Kundalini, jener in uns verborgen schlummernden spirituellen Energie, ist der Beginn unserer Reise zur Vollkommenheit. Was aber kennzeichnet das Wesen dieser mächtigen Kraft der Verwandlung? Wie wird sie erweckt und gefördert? Mit der Darstellung dieses Themas wendet sich Swami Muktananda an jeden spirituell Suchenden.

ISBN 3-930711-28-1

ICH BIN DAS

Das Wissen um Hamsa nach dem Vijnanabhairava

Das Geheimnis von *Ham'sa,* dem Bewusstsein vom natürlichen Mantra des Atems, wird sehr klar in Vers 24 des bedeutenden Shaivismus-Textes *Vijnanabhairava* enthüllt. Swami Muktananda führt uns mit seinem Erläuterung Schritt für Schritt zu den Geheimnissen der Mantra-Wiederholung.

DAS MANTRA SO'HAM

Eine Meditationstechnik für jedermann

So'ham ist das Grundmantra des Japa-Yoga. Dieses Mantra stammt nicht aus irgendeinem Glaubensbekenntnis oder einer bestimmten Überlieferung. Gleich von der Geburt an beginnt es mit der Atmung in jedem Menschen zu schwingen. In dieser Schrift hebt Swami Muktananda die Einfachheit der Technik und den jede Erwartung übersteigenden Gewinn hervor.

von
Gurumayi Chidvilasananda

YOGA DER DISZIPLIN

„Disziplin gibt grenzenlose Freiheit", schreibt Gurumayi, „sie ermöglicht dir Schranken zu überwinden, Grenzen zu durchbrechen und ans höchste Ziel zu gelangen. Der Weg der Disziplin schafft eine Stille, in der die leise Stimme des Herzens zu hören ist." Yogische Disziplin ist eine innere Haltung dem Leben gegenüber. Disziplin beim Sehen, Hören, Essen, Reden und Denken ermöglicht es, die Sinne zu beherrschen und sich der Erfahrung Gottes in seinem Inneren zu öffnen: „Vom Standpunkt der Spiritualität aus betrachtet ist der Begriff Disziplin mit der freudigen Erwartung göttlicher Erfüllung gänzlich durchdrungen."

ISBN 3-930711-23-0

SCHÄTZE IM INNERN

Freude, innerer Frieden und Liebe sind keine Eigenschaften, die man erwerben oder verlieren kann. Sie sind Schätze im Innern eines jeden Menschen und jederzeit erfahrbar, wenn man seine Aufmerksamkeit nach innen, auf sein eigenes Herz, richtet. „Normalerweise glauben die Leute", schreibt Gurumayi, „dass sie sich auf der Jagd nach Ruhe und Gelassenheit schinden, zerreissen und sich bis zum Letzten verausgaben müssen. Sie vergessen, dass innerer Frieden ein Geschenk des Herzens ist." Gurumayi zeigt praktische Wege auf um Friede, Freude und Liebe im täglichen Leben wachsen zu lassen.

ISBN 3-930711-31-1

GOTT LIEBT EIN REINES HERZ

Der Yoga der göttlichen Tugenden

In dieser Sammlung von Vorträgen beschreibt Gurumayi, dass so herrliche Tugenden wie Furchtlosigkeit, Respekt, Mitgefühl, Freisein von Zorn, Standhaftigkeit und Reinheit des Herzens Wesensbestandteil der menschlichen Natur sind und als Vorbedingung für die Erfahrung der immerwährenden Liebe gepflegt werden sollten. Voller Humor und Verständnis lässt sie die subtilen Vorgänge im menschlichen Herzen erkennen. „Gott liebt ein reines Herz" ist ein spirituelles Lehrbuch und eine praktische Lebenshilfe.

ISBN 3-930711-11-7

ENTZÜNDE DIE FLAMME IN MEINEM HERZEN

Swami Chidvilasananda vermittelt in diesem Buch in klarer Sprache Verständnis für die zeitlosen spirituellen Weisheiten der indischen Schriften. Voller Humor und mit Einfühlungsvermögen für die Probleme der Menschen von heute zeigt sie, wie das uralte Wissen der Schriften immer noch Gültigkeit hat und uns dabei hilft, in unserem Leben einen neuen tieferen Sinn zu finden. So beleuchtet sie in unterhaltsamen und lebendigen Vorträgen voller Anekdoten den Prozess der spirituellen Erfahrung.

ISBN Bd1: 3-930711-14-1 Bd2: 3-930711-15-X

ASCHE ZU MEINES GURUS FÜSSEN

Gedichte

In diesen Gedichten bewahrt Gurumayi Chidvilasananda das Andenken an ihren Meister. Sie lässt spüren, wie durch Liebe und Hingabe das Ego letztlich zu Asche verbrennt - und der Schüler das innere Selbst erlangt. (Mit zahlreichen Abbildungen).

ISBN 3-930711-16-8

von

Swami Anantananda

DIE WELT IN MEINEM KOPF

Inspiration durch eine neue Wahrnehmung

Wie beruhigen wir unseren Geist? Wie können wir uns von den Fesseln unserer Gedanken und unserer Einbildungen befreien? Wenn wir verstehen, wie unser Geist im täglichen Leben am Arbeiten ist, können wir unsere Aufmerksamkeit auf das Augenblickliche lenken und die Welt mit neuen Augen sehen. In diesem Buch behandelt Swami Anantananda die Themen Verlangen, Wut, Angst, Neid, Eifersucht, Stolz, Sorgen und Vernarrtheit, jene Neigungen des Geistes, die uns davon abhalten die Welt mit den klaren Augen des Selbst wahrzunehmen. Die Mittel, die er ausführlich darlegt um mit diesen „Feinden" umzugehen, sind einfach und wirksam zu handhaben. Sie zielen darauf, das Verhältnis zu unseren Gedanken und Gefühlen nachhaltig zu verändern.

ISBN 3-930711-24-9

ALLES GESCHIEHT ZUM BESTEN

Quellen der Kontemplation

Worte von Swami Muktananda und Gurumayi Chidvilasananda, die durch Kontemplation mit dem Verständnis, dass alles, was geschieht, zum Besten geschieht, dem Leser helfen sollen, die Kraft zu finden, damit er das Leben mit Gelassenheit betrachten und in allen Lebenslagen ein grosszügiges Herz bewahren kann.

ISBN 3-930711-00-1

ABDRUCKGENEHMIGUNGEN

Wir danken für die freundliche Genehmigung

aus folgenden Quellen zitieren zu dürfen:

By Clissold, Stephen, from *The Wisdom of the Spanish Mystics.* Copyright © 1977 by Stephen Clissold. Reprinted by permission of New Directions Publishing Corp.

Ladinsky, Daniel, *I Heard God Laughing: Renderings of Hafiz.* Walnut Creek, Calif., Sufism Reoriented, 1966. Reprinted by permission.

Panikkar, Raimundo, trans. and ed. *The Vedic Experience: Mantramanjari.* London, Darton, Longman & Todd Ltd., 1977. Reprinted by permission.

Wenn Sie nähere Informationen über die Lehren und Übungen der Siddha Yoga Meditation wünschen, wenden Sie sich bitte an eine der folgenden Adressen:

SYDA FOUNDATION
PO BOX 600
371 BRICKMANN ROAD
SOUTH FALLSBURG, NY 12779-0600, USA
TEL: (001 845) 434-2000

oder

GURUDEV SIDDHA PEETH
PO GANESHPURI, PIN 401 206
DISTRICT THANA, MAHARASHTRA, INDIEN

oder

SIDDHA YOGA STIFTUNG DEUTSCHLAND
BLÜCHERSTRASSE 2, D-63071 OFFENBACH

oder

SIDDHA YOGA STIFTUNG SCHWEIZ
POSTFACH 7854, CH-3001 BERN

Weitere Informationen über Bücher von Swami Muktananda und Swami Chidvilasananda in Originalausgaben und Übersetzungen sowie Audio- und Videoaufnahmen im deutschen Sprachraum bei:

SIDDHA YOGA VERLAG GMBH
GREVENER STRASSE 146, D-48291 TELGTE
TEL: (02504) 984132 FAX: (02504) 984133

EMAIL: verlag@siddayoga.de

Besuchen Sie auch unsere Webseite unter www.siddhayoga.de